COMMISSION D'ENQUÊTE

SUR LES

ASSOCIATIONS SYNDICALES

LA COMMISSION SE COMPOSE DE MM.

Le vicomte DE MELUN, *Président*.
Fernand DESPORTES, avocat à la Cour de Paris, *Secrétaire*.
AUDIGANNE, économiste.
BOURNAT, avocat à la Cour de Paris.
BAGUENAULT DE PUCHESSE.
DE LA SERRE.
Le baron DE SAINT-MAURIS.
Ernest GERVAIS, avocat à la Cour de Paris.
Emile JAY, avocat à la Cour de Paris.
LEVÉ.
LE CAMUS, *Secrétaire général de la Société*.
LEFÉBURE (Léon), membre de l'Assemblée nationale.
Le comte DE MELUN, membre de l'Assemblée nationale.
RONDELET (Antonin), professeur à la Faculté de Clermont.
RONDELET (Ernest), membre du Conseil municipal de Paris.

COMMISSION D'ENQUÊTE

SUR LES

ASSOCIATIONS SYNDICALES

EXPOSÉ PRÉLIMINAIRE

PAR

M. FERNAND DESPORTES

Docteur en droit, Avocat à la Cour de Paris.

PARIS

IMPRIMERIE JULES LE CLERE ET Cⁱᵉ

RUE CASSETTE, 29.

1873

ENQUÈTE

SUR

LES ASSOCIATIONS SYNDICALES

EXPOSÉ PRÉLIMINAIRE

CHAPITRE I.

OBJET DE CETTE ÉTUDE.

En ordonnant une enquête sur la situation des classes laborieuses, l'Assemblée nationale a paru comprendre le véritable caractère des luttes contemporaines. La crise que traverse notre pays, crise dans laquelle la plus grande partie de l'Europe se trouve ou se trouvera bientôt engagée, n'est plus une crise politique; elle est devenue purement sociale; ce qu'elle met en question, ce n'est pas seulement la forme de gouvernement qui convient aux nations modernes, ce sont les conditions mêmes de leur existence.

Sans doute, au sommet de la hiérarchie sociale, on voit encore les partis s'agiter comme autrefois et se disputer la direction des affaires qu'ils ont successivement exercée depuis 1789; mais, à la base, il n'y a pas de partis; il y a des masses populaires profondément troublées, qui menacent et se soulèvent, indifférentes aux questions gouvernementales, et ne souhaitant qu'une chose: détruire l'ordre établi, dans lequel elles ont la conviction d'avoir été sacrifiées; c'est ce qu'elles nomment, ou ce qu'on nomme pour elles, *la liquidation sociale.*

On a confié brusquement à ces masses populaires l'exercice du suffrage universel ; elles ont reçu par là même un rôle politique; — mais ce rôle, elles le remplissent sans en avoir conscience. Elles sont à qui sait les prendre, à qui sait les exploiter, tantôt aux bonapartistes et tantôt aux radicaux; et comme elles ont la force du nombre, elles leur assurent tour à tour la victoire; mais au fond il ne leur importe guère. Que leur fait la forme du gouvernement, et que le prince ou le bourgeois qui les gouverne s'intitule empereur ou président? A ceux qui se servent d'elles, elles ne demandent que la fin de leur misère et la satisfaction de leurs appétits. On leur a fait croire que la société moderne opposait à leur bien-être d'insurmontables obstacles ; elles ne veulent plus de la société moderne, des principes qui l'ont établie, des institutions qui la maintiennent ; elles veulent se débarrasser du passé, afin de s'emparer de l'avenir.

Ainsi, — c'est le fait constant, — les classes laborieuses, c'est-à-dire celles qui, dans la production générale du pays, pour parler comme les économistes, fournissent le travail manuel, se sont mises en révolte contre la société, dont elles menacent l'existence.

L'harmonie nécessaire au fonctionnement de l'organisme général en est singulièrement altérée. Le corps social en souffre comme d'une maladie grave; et cette maladie, qui peut se guérir comme toutes les maladies, peut aussi devenir mortelle si l'on n'y porte un prompt remède.

Cette maladie sociale, on lui donne le nom de SOCIALISME; peut-être mal à propos, car si ce terme peut s'appliquer à l'ensemble des doctrines conjurées contre la société, il peut s'entendre également de l'ensemble des remèdes plus ou moins chimériques que quelques penseurs cherchent à ses maux. Mais enfin, si le terme est impropre, il est commode, et nous nous en servirons pour simplifier notre langage.

Donc le socialisme est un mal qui ronge une partie du corps social. Il a fait de rapides progrès, et l'on peut dire que, parmi la population industrielle, où il s'est d'abord manifesté, il est aujourd'hui à l'état endémique.

Il atteint aussi, il commence à atteindre la population agricole, mais seulement par contagion. Les paysans, émancipés et rendus roppriétaires par la révolution de 1789, se sentent intéressés au maintien de l'ordre établi. Leur instinct est essentiellement con-

servateur, et si parfois ils semblent l'abandonner, c'est par ignorance ou par convoitise : ce n'est ni par réflexion ni par haine…
Ils cèdent à l'exemple des ouvriers. Que cet exemple vienne à
leur manquer, les progrès que le socialisme fait en ce moment
au milieu d'eux seront bientôt arrêtés.

C'est donc au sein de la population ouvrière qu'il convient de
placer le siége du mal social.

Quelle en est la cause et quel en est le remède? Double et difficile problème, dont la commission de l'Assemblée nationale
cherche depuis près d'un an la solution avec une sage et discrète
lenteur. Rien, ou presque rien, ne transpire de ses travaux ; on
dirait qu'elle est effrayée de l'œuvre qu'elle a entreprise, qu'elle
ne sait par où la commencer, et qu'elle craint de mettre le
public dans le secret de ses hésitations.

Du reste son programme est immense. Il pourrait suffire à la
vie de plusieurs académies. Faut-il s'étonner que des députés,
absorbés par les préoccupations politiques que chaque jour leur
apporte, regardent à s'y aventurer?

Peut-être cependant serait-il plus utile de rechercher comment la société française pourra sortir de la crise actuelle, que
de déterminer comment M. Thiers devra désormais s'y prendre
pour entrer dans l'enceinte du pouvoir législatif.

§

Nous voudrions, sans discuter dans son ensemble ce programme qui embrasse tout ce qui concerne les intérêts moraux et
matériels de la classe ouvrière, nous appesantir spécialement sur
un fait d'une singulière importance et dont l'étude peut conduire,
sinon au dénoûment de la crise actuelle, du moins à l'un des
éléments de ce dénoûment.

Depuis assez longtemps déjà, à Paris et dans quelques villes
importantes, les patrons se sont réunis par corps d'état pour
former des *chambres syndicales* chargées de veiller aux intérêts
généraux de leurs professions respectives et de résoudre à
l'amiable les litiges qui leur sont soumis.

En 1868, à la suite de l'Exposition universelle, les ouvriers ont
essayé de suivre cet exemple et de constituer à leur tour des

syndicats ouvriers, pour défendre leurs intérêts comme pour éviter les conflits que multipliait la question des salaires.

Quelle est l'origine et l'importance de ce double mouvement? Quelles peuvent en être les conséquences économiques? Quelle influence doit-il avoir sur la pacification de la classe ouvrière? Peut-on espérer trouver quelque adoucissement au mal social dans cette manifestation nouvelle du principe ordinairement si fécond de l'association? Quel sujet pourrait être plus digne des méditations de la Société d'économie charitable?

Nous croyons n'être pas un esprit chimérique, et l'utopie n'a rien qui nous tente. Nous n'arrivons pas avec un système bâti tout d'une pièce, et le remède que nous cherchons à indiquer, nous ne le considérons ni comme infaillible ni même comme suffi-sant. Le mal social tient à des causes si multiples, il a fait des progrès si considérables, qu'il faudra pour le guérir bien des efforts et bien des années. Toutefois, pourquoi désespérer de la Providence, et puisqu'elle nous a donné la vaccine contre la petite vérole, le quinine contre la fièvre, pourquoi ne nous donnerait-elle pas l'*Association* contre le *Socialisme*? Le principe du mal pourrait ne pas disparaître, mais les effets en seraient singulièrement amoindris. L'enquête que la Société d'économie charitable va ouvrir, nous démontrera si notre espérance a quelque fondement.

CHAPITRE II.

L'ASSOCIATION SOUS L'ANCIEN RÉGIME ET LA RÉVOLUTION.

Nous nous persuadons d'autant plus volontiers que l'association doit renfermer quelque remède pour le mal dont nous souffrons, qu'à notre avis ce mal provient surtout de l'état d'isolement dans lequel la classe ouvrière a été placée par la révolution de 1789.

On sait sous quelles lois vivait l'industrie française avant cette révolution.

Chacune de ses branches était devenue le domaine exclusif d'une corporation fermée, c'est-à-dire d'une association munie d'un privilége, soumise à des règlements, et réservée à un nombre déterminé de maîtres, d'ouvriers et d'apprentis.

Ces corporations s'étaient librement formées au moyen âge. Dans un temps troublé, où chacun se sentait trop faible pour se passer de l'appui des autres, elles avaient rendu de grands services en donnant aux artisans une sécurité relative et les ressources nécessaires pour assurer le progrès de leurs industries.

Mais au xvii° siècle, elles avaient dû subir le sort commun, et le pouvoir royal avait étendu sur elles sa main toute-puissante, tout à la fois pour les soumettre à sa politique et pour tirer parti de leurs ressources, soit qu'il transformât à prix d'argent leurs chartes en priviléges, soit qu'il se fît payer l'extension ou même le maintien de ces droits nouveaux.

C'est ainsi qu'à la fin de l'ancien régime les anciennes associations libres étaient toutes des associations privilégiées et fermées.

Telles quelles cependant, elles offraient encore à l'industrie de grands avantages.

C'était d'abord d'établir entre les membres d'une même profession une étroite solidarité se manifestant sous ces trois formes : surveillance mutuelle, protection mutuelle, assistance mutuelle.

Mais c'était surtout de placer la main-d'œuvre dans un rapport exact avec la production. La prospérité de l'industrie résulte de l'équilibre établi entre ces deux termes. L'industrie souffre également ment pour avoir trop de bras ou pour n'en avoir pas assez. Sous le régime de la liberté commerciale, cet équilibre peut être obtenu par le jeu de la grande loi de l'offre et de la demande. Sous le régime du monopole, il l'est plus facilement encore, et les patrons, qui sont maîtres de déterminer dans chaque profession le nombre des ouvriers et des apprentis, proportionnent ce nombre à l'importance des commandes qu'ils ont à exécuter. Aussi les ouvriers, toujours assurés d'avoir du travail, et dans la proportion qui leur convient, ont-ils le bien-être, et, ce qui double le bien-être, la sécurité. Ce sont de véritables privilégiés parmi les plébéiens, et, s'ils sont peu nombreux, ils sont du moins satisfaits.

Telle était leur situation au moment de la Révolution; aussi la virent-ils venir sans beaucoup d'enthousiasme et sans prendre part à ses premiers excès. Ce furent les paysans qui se rendirent coupables des violences, des meurtres, des pillages, des incendies qui désolèrent les années 1790, 91, 92. Cela s'explique : ils étaient plongés dans une misère profonde et dans un abrutissement plus profond encore. Attachés à la glèbe, sinon par la loi, du moins par la force des choses; condamnés aux travaux des champs par les priviléges mêmes des corporations, qui leur interdisaient l'exercice de toute autre profession manuelle; ne pouvant jamais ou presque jamais devenir propriétaires des terres qu'ils cultivaient, ils devaient accueillir avec une joie désordonnée cette révolution à laquelle leurs fils rapportent aujourd'hui leur émancipation et leur bien-être.

Les ouvriers, au contraire, n'avaient rien à attendre d'une révolution qui ne pouvait que troubler profondément, sans les améliorer, leurs conditions d'existence.

Ainsi le régime des corporations offrait, surtout aux ouvriers, des avantages qu'il est impossible de contester. Il est cependant inutile de les surfaire; car, si importants qu'on les imagine, ils ne pouvaient compenser les inconvénients que le monopole engendrait. Ces inconvénients, qui aujourd'hui n'échappent à personne, frappaient, vers le milieu du xviii* siècle, un certain nombre d'esprits curieux, livrés dès cette époque à l'étude des problèmes d'économie sociale. Turgot, mieux que tout autre, les signalait dans le préambule de cet édit de 1776, par lequel il tentait vainement d'introduire en France la liberté commerciale. Le monopole avait pour effet d'arrêter l'effort de l'industrie nationale en limitant le nombre de ses agents et en s'opposant au perfectionnement de ses procédés, laissés à la routine en l'absence de toute émulation; il nuisait à tous ceux auxquels il fermait arbitrairement les carrières de l'industrie; il nuisait enfin au public, parce qu'il produisait sur le cours des marchandises une élévation factice.

La tentative de Turgot échoua devant la résistance des gens de métiers et l'opposition des parlements. Toutefois les corporations ne pouvaient survivre à l'ancien régime.

§

Ce ne fut pas sans hésitation que l'Assemblée constituante y porta la main. Dans la nuit du 4 août, elle les avait épargnées au milieu du sacrifice de tous les priviléges. Elle demeura près

de deux ans sans y porter atteinte, et quand elle s'y décida, le
2 mars 1791, ce ne fut d'abord qu'aux dépens des *perruquiers*,
ses premières victimes.

Mais le pas décisif était fait, et toutes les autres corporations
allaient être bientôt comprises dans la même condamnation.

En ceci comme dans le reste, l'Assemblée constituante ne sut
pas garder de mesure. Elle se jeta brusquement d'un extrême
dans l'extrême opposé; et, de ce qui ne devait être qu'une réforme
économique, elle fit une révolution. Le monopole avait ses inconvénients, mais l'association avait ses avantages : pourquoi proscrire l'association en proscrivant le monopole? Pourquoi ne pas
laisser aux corporations le droit d'exister, à la condition de ne
revendiquer aucun droit privatif, aucun privilége, de se former
et de s'administrer librement, et de vivre, comme elles vivaient
autrefois, comme elles vivaient ailleurs, comme elles vivent
encore en Angleterre, sous le régime de la libre concurrence?
Le passage du monopole à la liberté commerciale se serait accompli sans exposer l'industrie à des secousses imprévues et à
des catastrophes funestes, sans briser des traditions utiles et
respectables dont beaucoup méritaient d'être conservées. La
liberté commerciale elle-même aurait trouvé dans le principe
de l'association spontanément développé un régulateur dont elle
ne peut se passer et qui lui a fait défaut trop longtemps. « Au
lieu de cela, disait en 1866 la Chambre syndicale des entrepreneurs de maçonnerie, on fit tout d'abord table rase de l'organisation industrielle et commerciale qu'un long passé avait constituée et réglée, et l'on remplaça brusquement et sans transition
une réglementation excessive par une liberté excessive (1). »

Malheur aux nations dont l'unité historique est ainsi rompue,
et qui brisent leur passé pour fonder leur avenir! Les conquêtes
du nouveau régime sont fragiles et manquent d'une base nécessaire, quand elles ne reposent pas sur les traditions de l'ancien.

Ainsi l'Assemblée constituante se laissait emporter par l'esprit
des temps nouveaux; ardeur généreuse sans doute, mais impru-
dente et dont nous subissons aujourd'hui les funestes effets.
Pour fonder la liberté commerciale, elle proscrivit les corporations. Elle fit de l'association un délit et décréta, dans la loi
des 14-17 juin 1791, que « l'anéantissement de toutes les

____

(1) *Compte rendu des travaux*, p. 2. Paris, Adrien Le Clere, 1866.

espèces de corporations des citoyens d'un même état et profession étant une des bases fondamentales de la constitution française, il était défendu de les rétablir de fait sous quelque prétexte et quelque forme que ce fût ; que les citoyens d'un même état et profession, les entrepreneurs, ceux qui ont boutique ouverte, les ouvriers et compagnons d'un art quelconque, ne pourraient, lorsqu'ils se trouveraient ensemble, se nommer ni président, ni secrétaires, ni syndics, tenir des registres, prendre des arrêtés ou délibérations, former des règlements sur leurs *prétendus intérêts communs* (1). »

Ces principes furent consacrés par des lois postérieures, et notamment par les constitutions du 4 septembre 1791 et de l'an III.

§

La loi de 1791 est encore en vigueur. Elle est la base de notre législation économique. Le gouvernement, nous le verrons bientôt, l'invoque à ses heures, et, s'ils en étaient requis, les tribunaux devraient l'appliquer.

La loi de 1791 a fait cependant une grande chose, qui ne saurait être aujourd'hui ni détruite ni contestée : elle a consacré la liberté commerciale, seul régime qui convienne désormais à l'état de nos mœurs, aux besoins de notre civilisation, aux conquêtes de la science moderne.

Voilà ce que la loi de 1791 a fait. Voici maintenant ce qu'elle n'a pu faire : elle n'a pu chasser de l'industrie française, elle n'a pu anéantir le principe de l'association. Elle a voulu le tenter ; elle l'a tenté non sans grand dommage pour le pays, non sans grand péril pour l'ordre public ; mais ses tentatives ont été vaines, les unes repoussées tout d'abord, les autres répétées jusqu'à nos jours. La lutte fut longue, elle a duré quatre-vingts ans, elle n'est pas terminée ; toutefois aujourd'hui le résultat n'en saurait être douteux : l'association l'emporte. Mais cette lutte aura coûté cher, si cher que nous ne sommes pas certains d'en pouvoir supporter les conséquences.

Proscrire l'association, ce n'était pas seulement proscrire un

---

(1) Loi des 14-17 juin 1791, art. 1 et 2.

droit nécessaire et primordial; c'était proscrire le génie même de l'homme. « L'homme isolé n'est qu'un être misérable et nu, le jouet de la nature : uni à ses semblables, il en devient le roi. » Dans l'association est le secret de sa force, de son intelligence, de sa vie ; il ne peut rien sans elle, il peut tout par elle ; il en a besoin comme de l'air qu'il respire, et l'en priver est impossible : autant vaudrait lui interdire *l'eau et le feu*, comme faisaient les Romains aux condamnés que la hache du licteur ne devait pas atteindre.

Et si l'association est nécessaire à l'homme, elle l'est également à la société. Elle s'impose au législateur comme un intermédiaire entre l'individu et l'État, sans lequel toute nation ne peut aboutir qu'à l'un de ces deux termes : anarchie ou despotisme.

Que cette vérité soit encore contestée en politique par des esprits sages, cela se conçoit et s'excuse. On a tant abusé depuis quatre-vingts ans de la fausse liberté, qu'ils sont pardonnables de douter de la vraie; les crimes des sociétés secrètes et les folies des réunions publiques sont bien faits pour les dégoûter de l'association.

Mais, en économie politique, nier l'association, c'est nier l'industrie, qui ne vit que par la réunion des intelligences, des forces et des capitaux. Ici la nature des choses l'impose. Le législateur ne peut pas l'interdire; son seul souci doit être d'en prévenir les abus.

Le législateur de 1791 tentait donc l'impossible en essayant de la supprimer. Il ne pouvait réussir qu'à jeter le trouble dans l'industrie. Au lendemain de la Révolution, l'association, un instant proscrite, ne devait pas tarder à reparaître dans nos usages et même dans nos lois. Ses progrès ont été chaque jour plus marqués; à l'heure présente, nous l'avons dit, ils sont décisifs.

Toutefois, et ce fut un grand malheur, ses progrès ont été fort inégaux. Seuls les patrons en ont profité ; les ouvriers n'ont pu le faire ; de là, entre les divers agents de la production nationale, un état d'antagonisme qu'il faut à tout prix faire cesser, sous peine d'exposer aux plus grands périls la société tout entière.

CHAPITRE III.

L'ASSOCIATION PARMI LES PATRONS

Il semble qu'au moment même où elle faisait un délit de l'association, l'Assemblée constituante ait douté d'elle-même et de son œuvre. En effet, en votant la loi du 17 juin, elle déclarait dans un ordre du jour que cette loi ne concernait pas les *chambres de commerce.*

On sait que ces chambres, établies dans nos grandes cités industrielles sur le modèle de celle de Marseille par un édit de 1701, étaient alors ce qu'elles sont redevenues de nos jours, les interprètes officiels des vœux ou des plaintes du commerce et de l'industrie, les surveillants et les tuteurs de leurs intérêts généraux. A ce point de vue elles étaient, pour l'industrie prise dans son ensemble, ce que les corporations étaient pour chacune de ses branches en particulier.

Toutefois cette exception même ne tarda pas à disparaître : l'Assemblée, poussant jusqu'au bout la logique de ses principes, supprima les chambres de commerce par un décret du mois d'août 1791.

Les réclamations furent tellement vives, que deux mois plus tard (16 octobre 1791) elle institua près du gouvernement un *comité consultatif des arts et manufactures,* que nous retrouverons dans la suite, mais qui n'avait alors aucune attribution bien déterminée. Cette création n'était qu'une satisfaction illusoire donnée à des plaintes dont le bien fondé n'allait être que trop tôt justifié.

Les résultats des mesures radicales prises par l'Assemblée ne tardèrent pas, en effet, à se faire sentir. « A l'ordre dans les affaires, disent les entrepreneurs de maçonnerie (1), succéda le désordre, et à une concurrence régulière, une concurrence désordonnée et sans frein, qui vint jeter le commerce et l'industrie dans un trouble si profond que les conséquences s'en font encore sentir aujourd'hui. Les idées reçues jusqu'alors furent bouleversées, et des gens en trop grand nombre se rencontrèrent aussitôt qui ne virent plus, dans les professions commerciales et

____

(1) *Compte rendu,* p. 2.

industrielles, des carrières honorables devant être honorablement parcourues, mais seulement un assemblage de moyens divers, mis à la portée de tous pour faire rapidement fortune. On pouvait tout entreprendre librement et sans contrôle; chacun, dès lors, put se croire apte à tout faire.

« De là ces évolutions, téméraires et désastreuses à la fois, d'une foule de chercheurs industriels sans industrie et de prétendus commerçants sans connaissances commerciales, se jetant du jour au lendemain, d'une profession languissante, qu'ils connaissaient à peine, dans une autre profession qu'ils connaissaient encore moins, mais qu'ils supposaient devoir être plus prospère; de là encore ces malfaçons impudentes, ces contrefaçons audacieuses et ces falsifications incroyables, jadis inconnues et qui portèrent alors une si fatale atteinte à la loyauté commerciale. »

Ce n'était pas assez, pour consommer la ruine de notre industrie nationale, de la guerre étrangère, qui fermait tous ses débouchés, et de la guerre civile, qui interrompait toutes ses communications; des lois sur le maximum et sur le cours forcé des assignats : il fallait encore que, l'extrême licence succédant à l'extrême réglementation, elle se trouvât dénuée de tout contrôle, de toute discipline, de toute hiérarchie, même volontaire; de telle sorte qu'en 1797 des commerçants convoqués à Paris pouvaient dire à bon droit : « Les effets de l'anarchie pèsent encore en entier sur le commerce ; il se traîne sur ses ruines ; ses capitaux sont dissipés ou enfouis ; ses ateliers fermés. »

§

Cependant il suffit de quelques années d'ordre intérieur pour que l'industrie, avec cet admirable ressort de notre nation que rien ne peut détendre, reprît, en dépit de la prolongation de la guerre, une partie de son ancienne splendeur. Les premiers temps de l'empire furent témoins de cette résurrection, dont l'éclat, grâce aux fureurs conquérantes du souverain, ne devait être, hélas! que bien passager. Or, au sein même de cette prospérité, l'industrie comprit et le gouvernement reconnut qu'il était impossible de sacrifier plus longtemps ces intérêts très-certains que l'Assemblée constituante appelait les « *prétendus* intérêts généraux du commerce; » qu'au-dessus des efforts individuels

dont la liberté ne devait plus être entravée, il y avait nécessité de placer une direction et un contrôle pour combiner
leur mouvement et réprimer leurs écarts. Dans cet ordre d'idées,
Napoléon Ier aurait été volontiers plus loin que ne le comportait
l'état de la société contemporaine; il aurait volontiers reconstitué
les anciennes corporations pour en faire la base d'une hiérarchie
politique, où il eût trouvé bon que chacun restât à la place qu'il
lui aurait une fois assignée, pourvu que lui-même demeurât toujours au sommet qu'il avait si rapidement gravi. Et sans doute il
l'aurait fait, n'eût été cette vanité de parvenu qui l'obligeait à se
poser aux yeux de l'Europe comme l'héritier de la Révolution :
singulier héritage, un peu précipité par le 18 brumaire! Mais, sans
entrer en lutte avec les idées nouvelles, « il chercha à ramener les
choses dans une voie meilleure et plus régulière (1). »

Dès le 3 nivôse an XI, il reconstitua les *chambres de commerce*
qui avaient été les dernières atteintes par la Révolution. Ces
chambres sont encore aujourd'hui, après les décrets du 3 septembre 1851 et du 30 août 1852, sur les bases qu'il leur assigna.
Elles existent dans soixante-dix ou quatre-vingts villes en vertu
d'autorisations successives; elles y sont élues par les notables commerçants, entretenues à leurs frais et chargées de défendre leurs
intérêts collectifs, c'est-à-dire de présenter leurs vues sur les
moyens d'accroître la prospérité du commerce, de faire connaître
au gouvernement les causes qui en arrêtent les progrès, d'indiquer
les ressources qu'on peut se procurer (2), de contrôler l'exécution
des travaux et l'organisation des services qui peuvent intéresser
le commerce et l'industrie; de donner leur avis sur les change-
ments projetés dans les législations commerciales, les tarifs,
l'établissement des bourses, tribunaux de commerce et autres
institutions d'intérêt général, les projets de travaux publics;
enfin d'administrer, comme mandataires de leurs électeurs, les
établissements de commerce ayant un intérêt général, tels que
bourses, entrepôts, magasins, etc. (3).

Elles eurent ainsi, dès le premier jour, une importance considérable; elles constituèrent autant de personnes civiles, et prirent
place dans la hiérarchie administrative.

Un décret presque contemporain (22 germinal an XI) étendit

____

(1) *Compte rendu des Entrepreneurs de maçonnerie*, p. 3.
(2) Décret du 3 niv. an XI, art. 2.
(3) Décret du 5 septembre 1851.

cette institution à l'industrie proprement dite, et créa les *chambres consultatives des arts et de l'industrie*, qui existent encore aujourd'hui dans nos centres industriels, après avoir été successivement réorganisées par l'arrêté du 19 juin 1848 et les décrets des 30 août 1852 et 24 octobre 1863.

Après la révolution de 1830, le gouvernement, désirant donner une impulsion nouvelle à l'action de toutes ces chambres, groupa celles du commerce autour d'un *conseil général du commerce*, celles de l'industrie autour d'un *conseil général des manufactures*, composés l'un et l'autre de membres élus et de quelques membres adjoints par le ministre, chargés de délibérer et d'émettre des vœux sur les propositions de leurs membres, sur les réclamations du commerce et de l'industrie et sur les questions qui leur sont renvoyées par le gouvernement. Un décret du 1er février 1850 leur a donné leur organisation actuelle.

Les conseils généraux ne font pas double emploi avec le *comité consultatif des arts et manufactures*, dont nous avons indiqué précédemment l'origine, et le *conseil supérieur de l'agriculture, du commerce et de l'industrie* créé en 1831. Ces derniers sont exclusivement composés de personnes choisies par le gouvernement parmi les membres de l'Institut, les membres des assemblées politiques, les hauts fonctionnaires; ils ont mission de délibérer, non sur les réclamations du commerce et de l'industrie, mais sur les questions supérieures de science, de politique, de finances et de droit international qui leur sont adressées par l'administration supérieure. Ce sont plutôt, pour le commerce et l'industrie, des protecteurs investis d'une haute autorité morale que des représentants chargés d'administrer leurs intérêts.

§

Voilà comment, dès le commencement de ce siècle, nos divers gouvernements, et ceux-là mêmes qui se réclamaient d'une origine révolutionnaire, ont réagi en faveur des commerçants et des industriels contre les doctrines mêmes de la Révolution; comment ils ont donné à leurs « prétendus intérêts généraux » des garanties sérieuses, c'est-à-dire une représentation organisée à deux et même à trois degrés.

Ces intérêts ont obtenu, ou plutôt conservé, des garanties d'un autre ordre dans le maintien de la juridiction spéciale exercée par les *tribunaux de commerce*, héritiers immédiats des anciens tribunaux consulaires, et par les *conseils de prud'hommes*, auxquels les décrets des 11 juin 1809 et 20 février 1810 rendirent les attributions contentieuses des anciennes corporations, pour le règlement des différends entre patrons et ouvriers et pour la police des ateliers. Ce sont des corps judiciaires électifs, qui reçoivent sans doute l'investiture du gouvernement, mais qui procèdent du libre choix de leurs justiciables.

§

Le principe d'association ainsi remis en honneur et en vigueur, ainsi rétabli dans la législation française, aussitôt qu'il fut démontré par une triste expérience que seul il pouvait « réprimer la licence, détruire les abus d'une liberté sans limite, » ne tarda pas à descendre des hautes sphères qui lui avaient été d'abord assignées, pour s'appliquer, non plus aux intérêts généraux du commerce et de l'industrie pris dans leur ensemble, mais aux intérêts collectifs de chacune des branches du commerce, de chacune des branches de l'industrie, de chaque profession prise isolément.

La réaction qui se produisit au commencement de ce siècle contre les excès de la liberté licencieuse de la Révolution, dépassa, nous l'avons indiqué plus haut, la juste mesure. Elle alla jusqu'à protester à la fois contre les abus et contre les bienfaits de la liberté commerciale. Elle réclama le rétablissement des anciennes corporations et des vieux règlements limitant le nombre des membres de chaque profession, imposant des conditions à son exercice, établissant une discipline rigoureuse et obligatoire. Le premier consul « fut assailli d'écrits confidentiels de toute espèce, dans lesquels chacun proposait la restauration d'une partie de l'ancien régime (1). » Les marchands de vin de Paris lui présentèrent en 1804 un projet détaillé pour le rétablissement de leur corporation. Bien d'autres les imitèrent. Ces

---

(1) Paroles de Bonaparte au conseil d'Etat, citées par M. Thiers (L. XIV),

réclamations se reproduisirent avec une vive insistance au début de la Restauration. Nous avons sous les yeux la pétition adressée le 15 juillet 1814 par les entrepreneurs de maçonnerie, qui demandaient le rétablissement de leur communauté comme un moyen de remédier à nombre d'abus; « car l'homme qui tient à un corps craint beaucoup plus de se compromettre que l'homme isolé. » Maxime excellente en vérité, mais qui reçoit de l'association volontaire une application bien plus certaine que de l'association forcée. Les réclamations se prolongèrent jusque sous le gouvernement de Juillet, époque où il fut bien avéré « que la liberté dans l'exercice des professions était un bienfait qui serait conservé aux Français (1). »

Ce fut le mérite du gouvernement impérial et du gouvernement de la Restauration de savoir résister à des vœux imprudents et de conserver cette liberté industrielle dont la conquête pouvait consoler notre pays de bien des mécomptes. Toutefois, tout en en proclamant le principe, ils ne purent se défendre d'en limiter exceptionnellement l'application, soit qu'ils missent à l'entrée de certaines professions des conditions d'admissibilité, soit qu'ils déterminassent le nombre de ceux qui seraient autorisés à les pratiquer. De ces restrictions les unes furent justes et nécessaires; ainsi il est bien certain que nul ne doit pouvoir exercer la profession de médecin ou de pharmacien sans offrir les garanties que réclame la sécurité publique. D'autres furent expliquées par la situation économique du pays et les idées généralement admises : tels ont été les règlements imposés aux boulangers et aux bouchers. D'autres enfin, et ce fut le plus grand nombre, n'eurent de raison d'être que le désir d'exercer sur certaines professions une influence et un contrôle trop souvent arbitraires : qu'importe en effet que les professions d'avocats, d'officiers ministériels, de commissaires-priseurs, d'agents de change, de courtiers, etc., soient des professions fermées, surveillées, érigées en titres d'office? Pourquoi ces professions plutôt que d'autres? Est-ce que l'architecte ignorant, dont la maison s'écroule sur la tête de ses clients, n'est pas plus à craindre pour eux que l'avocat, qui ne compromet que leur fortune ?

Mais, sous réserve de ces exceptions importantes sans doute et nombreuses, ces gouvernements surent résister aux instances

____

(1) Exposé des motifs de la loi du 18 mars 1806 sur les prud'hommes.

réitérées de ceux qui leur demandaient de rétablir les anciennes corporations. Ce n'est pas qu'ils fussent sourds à leurs justes plaintes. Ils permettaient à ceux auxquels ils refusaient le monopole, aussi bien qu'à ceux auxquels ils l'accordaient par exception, de se réunir librement pour exercer les uns sur les autres une surveillance et une protection mutuelles. Des juridictions particulières furent d'abord établies par la loi au sein de quelques-unes des professions réglementées par elle, de certaines professions libérales, telles que celles des avocats à la cour de cassation, des avocats près des cours d'appel, des notaires, des avoués, des huissiers; puis de certaines professions industrielles, telles que celles des agents de change, des courtiers, des commissaires-priseurs, des boulangers, des bouchers. Bientôt, des professions réglementées, où elles étaient établies par la loi, ces juridictions spéciales s'étendirent graduellement, grâce à la tolérance de l'administration, jusqu'aux professions libres.

§

Dès l'année 1809 les entrepreneurs de maçonnerie constituèrent un *bureau*, dont les statuts furent approuvés et autorisés par le préfet de police. Ils avaient pour but de prêter à l'autorité un concours utile pour la surveillance des constructions nouvelles élevées dans Paris et la suppression des fraudes et des abus qui s'étaient introduits dans l'industrie du bâtiment; de discuter les tarifs, et d'exercer sur toute la profession une juridiction volontaire qu'ils espéraient bien rendre obligatoire, en se constituant les maîtres du tableau des entrepreneurs.

Quelques années plus tard, l'industrie des tissus suivit l'exemple de celle du bâtiment. Mais ni l'une ni l'autre, bien qu'autorisées, bien qu'exerçant sur leurs membres une juridiction amiable, ne purent obtenir d'être reconnues comme établissement d'utilité publique. La dernière démarche que firent les entrepreneurs, en 1834, auprès de M. Gisquet, préfet de police, échoua complétement. Le préfet se contenta de leur répondre : « Je ne m'oppose pas à ce que vos réunions continuent d'avoir lieu comme par le passé, puisqu'il ne s'agit, entre sociétaires, que de conférer sur l'art de la bâtisse et de prévenir tous vices et malfaçons dans les constructions neuves qui se font dans le département de la Seine. Toutefois il importe que vous informiez lesdits sociétaires que, par la présente autorisation, je n'entends nullement confirmer leur règlement du 13 janvier 1810, homologué par un de mes prédécesseurs, ce règlement me paraissant prohibé par la loi de mars 1791, qui défend l'existence de tout syndicat ou corporation. »

Ce rappel de la loi de 1791, assez inattendu alors que le gouvernement venait de réorganiser les chambres de commerce et la plupart des chambres de discipline, ne découragea pas les entrepreneurs. Renonçant au patronage officiel, ils transformèrent leur bureau en CHAMBRE SYNDICALE, et se donnèrent les nouveaux statuts, « aussi judicieux que sages », auxquels ils obéissent encore aujourd'hui. « Ces statuts, disent-ils, sont bien franchement de leur temps ; ils ne comportent aucune mesure coercitive : point de visites, point d'instructions obligatoires ; rien enfin qui rappelle le passé ; la chambre n'a plus d'autre action sur tous ceux qui exercent la profession d'entrepreneurs que la confiance que ceux-ci veulent bien avoir en sa sagesse et en son expérience. »

L'exemple des entrepreneurs ne tarda pas à être suivi dans les autres corporations. La lettre du préfet de police, citée plus haut, a été comme le signal d'un mouvement qui ne s'est pas ralenti depuis.

Il semble qu'en présence des conditions nouvelles imposées à notre régime industriel par la transformation et la rapidité des voies de transport, par la facilité prodigieuse des communications, par le développement indéfini de la concurrence, par l'abaissement successif des tarifs protecteurs, et aussi par la fermentation de doctrines nouvelles au sein de la classe ouvrière, les négociants aient compris la nécessité de s'unir par les liens les plus étroits pour sauvegarder les intérêts et l'honneur de leurs professions respectives.

De là l'établissement d'un certain nombre de *chambres syndicales*. Ces chambres se développèrent jusqu'en 1848, soit en vertu d'une autorisation spéciale, soit par la tolérance de l'administration. La révolution fut singulièrement favorable à leurs progrès. Elles reçurent enfin une impulsion décisive, sous la pression des événements contemporains, pendant les dernières années de l'empire.

Cette époque fut en effet celle où la faveur accordée aux sociétés coopératives, où la loi qui permit les coalitions, où l'attention prêtée par le chef de l'État aux projets de réforme sociale, parurent devoir mettre en question les principes sur lesquels l'industrie française reposait depuis 1789. Ce fut l'époque où l'exposition de 1867 mit les industriels français en présence du monde entier, et leur fit constater qu'ils auraient dorénavant à lutter contre la concurrence universelle. Ce fut l'époque enfin où les premières menaces de l'*association internationale des travailleurs* retentirent au sein des congrès ouvriers, des réunions publiques et des grèves. Comment ne pas comprendre la portée d'événements si graves et de transformations si promptes ? Aussi vit-on des groupes commerciaux et industriels, qui jusqu'à ce jour ne s'étaient point associés, se réunir et former à leur tour des syndicats.

§

A l'heure actuelle, et pour ne parler que de Paris, où nous avons dû borner nos recherches, il existe environ une centaine de chambres syndicales de patrons, librement établies dans toutes les branches de l'industrie.

Leur existence est évidemment en contradiction avec la loi de 1791, que rappelait M. le préfet Gisquet; ce qui n'empêche pas l'administration de les reconnaître, de correspondre avec elles, de les interroger sur tout ce qui intéresse les industries qu'elles représentent, de donner des missions de confiance à leurs présidents; ce qui n'empêche pas les tribunaux, et notamment le tribunal de commerce, de leur faire faire des expertises et de les choisir pour arbitres, en les désignant, non par le nom de leurs membres, mais par leur titre de chambres syndicales. En 1872 les seules chambres syndicales qui forment le groupe de l'*Union nationale*, dont nous allons parler bientôt, ont été saisies par les tribunaux de 1344 affaires.

La chambre de commerce entretient également avec elles des relations officielles. Son président, M. Gouin, disait dernièrement dans son discours d'installation : « Comme le nombre limité des membres de la chambre de commerce ne lui fournit pas toujours les compétences indispensables à la solution pratique de toutes les questions, vous trouverez naturel d'appeler les chambres syndicales à nous donner le concours de leurs lumières. Je sais qu'elles s'empresseront de répondre à l'appel de nos commissions, où elles apporteront leur contingent d'expérience. »

Nous pouvons dire que les chambres syndicales sont des associations *illégales* reconnues. Toutes ont à peu près le même objet, le même règlement, la même organisation. Elles procèdent de l'élection des négociants qui désirent prendre part à leur établissement et dont la participation est acceptée par leurs confrères ; elles se maintiennent au moyen d'une cotisation volontaire ; elles ont pour attributions d'étudier toutes les questions intéressant les groupes qu'elles représentent, de soutenir auprès de l'administration les droits de leurs adhérents, de prêter leur concours aux tribunaux en qualité d'arbitres rapporteurs, de juger, à titre d'amiables compositeurs, les différends qui leur sont directement soumis.

A ces attributions quelques-unes en ajoutent d'autres relatives à l'établissement de caisses d'assurance contre les risques professionnels, de caisses de retraite, de cours du soir pour les ouvriers, d'écoles et de comités de patronage pour les apprentis.

On peut aisément se faire une idée de la nature et de l'utilité de leurs travaux en parcourant les recueils qu'elles publient, soit le *Recueil des séances du Comité central* (1), soit le *Journal de l'Union nationale* (2). Voici, par exemple, la chambre syndicale du papier. Dans sa séance du 7 mars dernier, elle a délibéré sur une communication de la chambre de commerce demandant des renseignements sur la hausse des matières servant à fabriquer la cire à cacheter ; sur une proposition de la chambre syndicale de la tabletterie relative à des écoles d'apprentis ; sur une communication de la chambre syndicale des hôtels et maisons meublés relative à une question de publicité ; sur un projet de concours à établir entre les apprentis ; sur certains articles de la loi sur le travail des enfants dans les manufactures soumis à son examen par la chambre de commerce et le ministre de l'agriculture. N'oublions pas que la discussion des questions litigieuses renvoyées par les tribunaux reste une des principales attributions des chambres syndicales, et nous pourrons ainsi comprendre l'étendue de leur mission.

Toutefois, — il convient de le remarquer, — toutes les chambres

(1) Paris, Guillaumin. 3 vol. in-8.
(2) Journal hebdomadaire publié par l'Union nationale, 82, boulevard de Sébastopol.

syndicales ne déploient pas la même activité et n'ont pas la même importance. Si les unes réunissent les principaux membres de leur profession, d'autres n'en représentent qu'un petit nombre et des moins autorisés ; si les unes remplissent exactement leur mandat, d'autres ne s'assemblent que rarement, ne s'occupent de leurs affaires qu'avec un soin médiocre, et ne se défendent pas contre cette indifférence mortelle, la plaie de notre temps.

Ce relâchement, pour plusieurs chambres syndicales, peut provenir d'une cause particulière. Il s'est rencontré, vers 1858, un homme de résolution, comprenant l'importance du rôle des syndicats, et songeant dès cette époque à les multiplier et à les grouper en faisceau. M. Pascal Bonnin a constitué l'*Union natiogale* des chambres syndicales, comprenant aujourd'hui soixante-dix chambres particulières. Or il est arrivé, d'une part, que certaines de ces chambres ont été formées avec trop de précipitation, plutôt pour répondre au désir du directeur de l'*Union* qu'aux vœux des associés ; et, d'autre part, qu'un plus grand nombre d'entre elles se sont reposées sur le syndicat général du soin de faire les affaires des syndicats particuliers.

La pensée de M. Pascal Bonnin n'était pas cependant d'abolir et de confondre les syndicats particuliers : c'eût été porter un coup funeste au mouvement syndical. Il a seulement voulu les associer et réunir périodiquement en assemblée générale les membres du bureau de chacun d'eux. Il a cru leur donner ainsi plus d'autorité, leur permettre de servir plus efficacement les intérêts collectifs qu'ils représentent. A cet égard il ne s'est point trompé, et l'*Union nationale* a largement utilisé le concours de chacun. Elle a pu organiser des services généraux pour les assurances, les brevets d'invention, les renseignements, le contentieux, les expériences scientifiques. Elle a pu fonder un journal qui lui donne les bénéfices d'une publicité considérable. Elle a pu conquérir sur l'opinion assez d'autorité pour disposer aujourd'hui des élections au tribunal de commerce, et sur le gouvernement assez de prestige pour qu'à la fin du dernier règne son président ait été décoré en sa qualité de président des syndicats.

Il y a quelques jours, l'*Union nationale* publiait le compte rendu de ses travaux. Pendant l'année 1872 elle s'est occupée de préparer les élections au tribunal, à la chambre de commerc et aux conseils de prud'hommes ; d'obtenir la création d'un nouvel entrepôt ; de discuter la loi sur le travail des enfants ; de faire parvenir au gouvernement ses observations et ses doléances sur l'impôt des matières premières; de lui demander l'adoption des cartes postales et des timbres mobiles pour les effets de commerce; de réclamer le retrait d'une ordonnance relative au camionnage des marchandises; d'étudier un projet de chemin de fer circulaire de la banlieue de Paris; de répondre au questionnaire de l'Assemblée nationale relatif aux concordats amiables; de résoudre des questions relatives à l'éducation et à la surveillance des apprentis; enfin d'établir à Vienne un bureau de renseignements pour la durée de l'exposition universelle.

Ce compte rendu fait le plus grand honneur à l'*Union nationale*; il permet d'apprécier l'utilité du rôle qu'elle a su prendre et de l'influence qu'elle exerce sur l'industrie parisienne.

Cette influence paraît si considérable qu'on devrait peut-être la redouter pour l'indépendance de chaque corporation, et la regretter à raison des susceptibilités qu'elle peut soulever audessus d'elle. On le devrait si elle ne trouvait un contre-poids nécessaire dans l'existence d'un autre groupe formé par la réunion des plus anciennes chambres syndicales de Paris. *Le Comité central des chambres syndicales*, présidé par M. Fréd. Levy, comprend vingt-quatre corporations; il a une organisation analogue à celle de l'*Union nationale*; il se réunit à cette dernière toutes les fois que l'intérêt général le commande, notamment lorsqu'il s'agit d'arrêter des listes de candidats pour les fonctions consulaires; il s'occupe spécialement de discuter les questions intéressant le commerce et l'industrie, d'ouvrir une sorte d'enquête permanente et d'en publier les résultats. Voici quelques-unes des questions qu'il a mises à son ordre du jour à l'époque de sa fondation (1868) : la liberté du taux de l'intérêt, les conseils de prud'hommes, les livrets d'ouvriers, les faillites, les transports par chemin de fer, les débouchés de l'industrie française à l'étranger.

Cette année il a délibéré sur les mêmes sujets que l'*Union générale*, c'est-à-dire l'exposition de Vienne, les cartes-poste, l'impôt sur les matières premières, etc.; et, de plus, sur l'octroi de Paris, sur l'impôt sur les transactions commerciales, sur les coupures de billets de banque et sur les rapports entre les patrons et les ouvriers.

En résumé, l'établissement des chambres syndicales de patrons est un fait accompli que l'industrie parisienne accepte et dont elle veut profiter; c'est un fait considérable, pouvant avoir les plus heureuses conséquences. Il ne faudrait pas cependant en exagérer la portée. Nous avons assisté à la dernière réunion générale des syndicats. Après avoir recueilli avec le plus vif intérêt la plupart des renseignements que nous venons de reproduire, nous avons regretté, pour la cause même qui nous intéresse, d'entendre des hyperboles assez surprenantes sur la mission des chambres syndicales : à croire certains orateurs, il semblerait que tout à l'avenir dût dépendre d'elles et qu'à elles seules dût appartenir le gouvernement du pays. « Ne forçons pas notre talent; » contentons-nous de faire ce que nous savons et ce que nous pouvons faire. C'est compromettre les meilleures causes que de les pousser à l'extrême. On ne fait jamais rien quand on a la manie de vouloir *faire grand*. Les chambres syndicales sont certainement utiles à l'industrie; elles peuvent servir le pays en réconciliant les ouvriers avec les patrons; elles mériteront ainsi l'estime et la reconnaissance de tous; mais, en vérité, elles ne sont pas faites pour régenter l'État, et les prétentions qu'on affiche en leur nom sont de nature à les compromettre tout à la fois auprès du gouvernement et de l'opinion.

§

Existe-t-il en province des institutions analogues à celles que nous rencontrons à Paris? Il est probable qu'il s'en est établi dans nos grands centres industriels, à Lyon, à Bordeaux. Mais nous avons à cet égard trop peu de renseignements pour leur donner une place dans cet exposé. Rappelons cependant cette fameuse *Société industrielle de Mulhouse*, qui existe depuis si longtemps, qui a rendu tant de services à la science, au commerce, à la classe ouvrière, et qui est une des gloires de l'industrie française : nous la saluons comme une sœur exilée que nous retrouverons un jour!

Au reste, l'industrie est libre de faire en province ce qu'elle a fait à Paris. Le gouvernement n'invoquera plus contre elle la loi de 1791, modifiée par tant d'autres lois et si près de tomber en désuétude. Cette loi n'est pas encore abrogée sans doute, mais qui voudrait s'en armer contre des commerçants ne cherchant dans l'association que la protection de leurs intérêts collectifs?

§

Est-ce que l'association n'est pas imposée par la force des choses à l'industrie moderne? Voyez donc les transformations que cette industrie a subies depuis le commencement de notre siècle. Un décret de la Convention (26 germinal an II) avait été jusqu'à supprimer les compagnies financières, jusqu'à défendre « à tous banquiers, négociants et autres personnes quelconques de former aucun établissement de ce genre, sous aucun prétexte et sous quelque dénomination que ce soit. » C'était pousser bien loin la haine de l'association, si loin que deux années n'étaient pas écoulées qu'on était contraint de rapporter ce triste décret (30 brumaire an IV). Les sociétés civiles et commerciales furent de nouveau permises. Elles se reformèrent aussitôt que le rétablissement de l'ordre rendit aux affaires quelque sécurité. Mais qu'elles étaient différentes alors, et jusque dans les premières années de ce siècle, de ce que nous les voyons aujourd'hui! La grande industrie n'existait pas, celle qui emploie des machines, la vapeur, un outillage considérable, un personnel nombreux, celle qui par conséquent exige d'immenses capitaux et ne peut les recevoir que de la commandite. La grande industrie est née avec les progrès de la science, la multiplicité des débouchés, le développement des moyens de transport et de communication. Elle a bouleversé le monde économique; elle l'a soumis à ce que ses envieux nomment la féodalité industrielle, à ce que nous appellerons, nous, la puissance féconde de l'association. Qu'est-ce donc que ces compagnies exploitant nos grandes usines, nos mines, nos chemins de fer, nos canaux, nos transports maritimes, sinon des corporations bien autrement organisées, bien autrement puissantes, bien autrement riches que nos anciennes corporations, et des corporations parfois investies d'un monopole immense? Qu'est-ce donc, dans de moindres proportions que toutes ces sociétés en commandite, ces sociétés anonymes? Est-ce qu'elles ne représentent pas des groupes d'hommes mettant en commun, *associant* leur intelligence, leurs efforts et leurs capitaux? Ah! certes, nous sommes bien loin de la loi de 1791, bien loin du décret de l'an II, bien loin de toutes ces lois qui brisaient et niaient « les prétendus intérêts collectifs. » Si nous voulons résumer cette étude rétrospective, nous dirons que ces lois, qui ont fondé la liberté commerciale et qu'il faut bénir pour cela, ont été par là même impuissantes à proscrire l'association; que celle-ci les a vaincues; qu'aussitôt la tourmente révolutionnaire passée et l'ordre rétabli, elle est rentrée peu à peu, ramenée d'abord par la loi elle-même, puis par la coutume, puis par les nécessités de l'industrie, par la force des choses; qu'à vrai dire elle n'a jamais été complétement proscrite; qu'elle a toujours été permise, dans une certaine mesure, à nos industriels, à nos commerçants; et qu'aujourd'hui enfin elle a reconquis toute sa puissance, elle enfante des merveilles, elle est devenue la reine du monde industriel.

Oui, c'est une reine, mais c'est une reine en tutelle. On lui laisse prodiguer ses faveurs à ceux de ses sujets qui sont au premier rang, c'est-à-dire aux patrons; on l'empêche de les étendre à tous les autres, c'est-à-dire aux ouvriers; ou du moins, si depuis quelque temps on le lui permet, c'est avec tant de parcimonie et si peu de sagesse qu'il ne lui est pas encore donné de répondre à leurs légitimes espérances.

CHAPITRE IV

L'ASSOCIATION PARMI LES OUVRIERS.

Depuis la Révolution, alors que tout conspira pour rendre aux patrons le libre exercice de l'association, pour les ouvriers les prescriptions de la loi de 1791 furent maintenues et rigoureusement appliquées; pour eux jamais la coutume n'en tempéra la rigueur; jamais on ne voulut, même en leur faisant les dangereuses concessions qui marquèrent les dernières années de l'empire, leur reconnaître le droit de s'associer. Ce ne fut qu'à titre de tolérance qu'on leur permit à cette époque de former des chambres syndicales à l'exemple de leurs patrons. Et l'expérience qu'ils en firent se trouva malheureusement interrompue par nos désastres politiques.

§

Les premiers résultats de la loi de 1791 ne furent pas moins fâcheux pour les ouvriers que pour les patrons. Ceux-là virent se briser violemment tous les liens qui les unissaient naguère; leurs ateliers furent envahis par de nouveaux venus, dont le nombre et l'ignorance firent aussitôt baisser le prix et la qualité de la main-d'œuvre ; leurs vieilles mœurs disparurent, et la misère, accrue par les désordres politiques, leur apparut avec son affreux cortége de souffrances et de révoltes. Ces pauvres gens n'avaient d'abord trempé dans aucune rébellion; la misère les poussa dans tous les excès de la révolution et fit d'eux cette populace horrible, propre à tous les crimes, mourant de faim, et que les tribuns du temps exploitaient sans pouvoir la nourrir.

Lorsque des jours meilleurs se furent enfin levés, les ouvriers, en retrouvant du travail, cherchèrent à se concerter pour obtenir une rémunération équitable ; ils tentèrent de renouer les liens qui leur permettaient autrefois de se connaître, de se soutenir et d'exercer sur eux-mêmes une discipline toujours nécessaire. On ne le leur permit pas. Un arrêté du Directoire du 2 septembre 1796 leur défendit « d'observer entre eux des usages contraires à l'ordre public, de chômer des fêtes de coteries ou de confréries, de s'imposer mutuellement des amendes, de provoquer la cessation absolue des travaux des ateliers, d'en interdire l'entrée, etc. » Le délit de *coalition* fit ainsi son apparition dans notre législation.

Le Code pénal, après plusieurs lois intermédiaires, l'y installa définitivement au moyen des articles 415 et 416, et l'entoura d'un luxe redoutable d'amende, de prison et de surveillance de la police; il y joignit l'article 417, qui punit l'émigration à l'étranger; il y joignit surtout le trop fameux article 291 contre les associations non autorisées de plus de vingt personnes, que la loi du 10 avril 1834 vint plus tard compléter et aggraver.

Le Code civil apporta de son côté l'article 1781, aux termes duquel, dans toutes les questions de salaire, les maîtres devaient être crus sur leur affirmation. Vinrent enfin la loi sur les livrets et les lois sur les conseils de prud'hommes, où, jusqu'en 1848, la prépondérance fut assurée aux patrons.

Il est vrai que le Code pénal avait aussi des articles pour prohiber les associations et les coalitions des patrons. Nous avons vu de quelle manière ces articles empêchaient les associations; quant aux coalitions, le moyen de les atteindre? Elles échappaient par leur nature même à toute investigation.

Telle est, indiquée à grands traits, la législation sous laquelle la classe ouvrière fut placée depuis 1789 jusqu'à nos jours, législation constamment en vigueur, constamment appliquée par les tribunaux, constamment défendue dans les assemblées parlementaires.

§

Elle a eu pour conséquence de maintenir l'ouvrier dans cet état d'isolement où l'Assemblée constituante de 1789 avait voulu le placer, en haine de l'association. Cette assemblée avait cru, c'était là son erreur, qu'en lui donnant la liberté individuelle, elle lui donnerait la force et l'intelligence nécessaires pour s'en servir; qu'il pourrait se passer de toute assistance étrangère, de tout intermédiaire, soit pour défendre ses intérêts, soit pour se protéger lui-même contre les suites de son ignorance et de sa corruption ; qu'il n'aurait besoin ni de tuteur ni de conseils; que, placé en face de son patron, il pourrait déterminer et obtenir le juste prix de ses peines ; que, placé en face de lui-même, de ses faiblesses, de ses entraînements, il pourrait se plier aux lois du travail, de l'épargne et de la prévoyance, satisfaire à ses devoirs de père de famille et s'assurer contre les risques du chômage, de la maladie et de la vieillesse. Et l'Assemblée constituante a trouvé bon que l'ouvrier fût seul : seul en face de l'État, seul en face de la concurrence, seul en face des exigences de ses patrons, seul enfin en face de la toute-puissance de la grande industrie moderne.

Eh bien, malheur à celui qui vit seul, *væ soli!*

Cet isolement légal, que de circonstances vinrent encore le rendre plus complet et plus redoutable! On sait ce qu'était, avant les chemins de fer, la difficulté des transports. Les ouvriers ne devaient pas quitter le lieu de leur naissance. Ils étaient obligés de vivre là où le sort les avait placés, sans pouvoir aller chercher ailleurs des moyens d'existence, de s'y contenter de ceux qui leur étaient offerts, de s'en remettre à la discrétion des chefs de l'industrie locale. Et quand ils auraient pu se déplacer, comment en auraient-ils compris l'opportunité? Comment auraient-ils su qu'à tel moment, en telle ville, la demande du genre de travail qu'ils pouvaient fournir était supérieure à l'offre qui en était faite, et que par conséquent ils pouvaient s'y rendre en paix et en sécurité? Est-ce qu'ils n'étaient pas liés au sol natal plus encore par leur ignorance que par la difficulté d'en sortir? De quels moyens d'information disposaient-ils? Qui s'occupait d'eux? Quel journal venait jusqu'à eux; et, s'il en était venu, auraient-ils pu seulement le lire? Toutes les conditions matérielles de leur existence concouraient à les isoler de plus en plus les uns des autres et du reste de la société.

Et cet isolement se faisait d'autant plus sentir que les patrons usaient davantage des bienfaits de l'association, dont la loi, aussi bien que la coutume, leur permettait de profiter.

Il y avait donc là deux situations entièrement différentes; chaque jour voyait en augmenter le contraste, qui ne pouvait manquer de troubler enfin l'harmonie du monde industriel.

§

En économie politique, le travail est une marchandise dont le trafic est soumis aux mêmes lois que n'importe quel autre trafic. Pour que ce trafic soit équitable, il est nécessaire que ceux qui veulent vendre leur travail, jouissent de la même liberté que ceux qui veulent l'acheter, et, réciproquement, que ceux qui veulent l'acheter, jouissent de la même liberté que ceux qui veulent le vendre. Lorsqu'il en est ainsi, le marché est libre et la valeur du travail se trouve fixée par l'inflexible mais impartiale règle de l'offre et de la demande. Or, les lois et les circonstances que nous venons d'énumérer, ont fait aux ouvriers français une situation telle qu'ils n'ont pu jouir sur le marché, eux vendeurs de travail, de la même liberté que les patrons, acheteurs de ce même travail. Ils se sont vus forcés de livrer leur travail au jour le jour, dans des places déterminées, à des conditions qu'ils n'étaient pas les maîtres de débattre, et sans pouvoir, à moins de commettre un délit, se concerter entre eux pour en établir la valeur. Ils étaient tenus de le vendre de cette façon ou de ne pas le vendre, c'est-à-dire de le vendre à discrétion, ou de mourir de faim.

Et il en était ainsi dans les lieux mêmes où le travail était le plus demandé. Sur un marché libre, le taux de la marchandise dépend uniquement de la proportion des quantités demandées et des quantités offertes : il faut mille ouvriers pour faire cent pièces de drap commandées aux divers fabricants; si deux mille ouvriers se présentent, ils se feront concurrence et on les payera moitié moins ; s'il n'y en a que cinq cents, on les payera moitié plus. Sur un marché qui n'est pas libre, il s'établit une autre loi, et la fixation du taux ne dépend plus de la quotité comparée de l'offre et de la demande, mais bien de leur *intensité* respective. On vous demande votre marchandise ; elle est à haut prix, et si vous pouvez en disposer librement, on vous la payera à sa valeur, si ce n'est dans votre ville, du moins dans la ville voisine ; si ce n'est aujourd'hui, du moins demain. Mais s'il est nécessaire que vous la vendiez aujourd'hui et non demain, si vous êtes contraint de la vendre dans votre ville et non dans une autre, faute de pouvoir la garder et faute de pouvoir la transporter, l'acheteur qui peut attendre, l'acheteur qui peut se rendre sur une autre place, vous fera la loi ; il spéculera sur votre besoin de vendre, sur l'impossibilité où vous êtes de vendre ailleurs ou plus tard, et il vous payera votre marchandise au-dessous de sa valeur réelle, le moins cher qu'il le pourra, c'est-à-dire au *minimum* de la somme en deçà de laquelle vous n'auriez plus intérêt à vendre, parce qu'elle ne vous fournirait plus le moyen de vivre, au *minimum* nécessaire à votre subsistance.

Il ne s'est point passé autre chose sur le marché restreint du travail : le travail a été payé au *mininum* nécessaire à la subsistance de l'ouvrier.

Or, loin de nous toute récrimination contre l'industrie moderne, contre les patrons. En agissant ainsi, ils ont obéi aux exigences d'une loi économique aussi positive que n'importe quelle loi physique. Ils ont dû s'y soumettre et il n'a pas dépendu d'eux d'en désarmer la rigueur. Sans doute des hommes bons et charitables ont pu individuellement s'imposer en faveur de leurs ouvriers certains sacrifices et leur faire certains avantages : ils ont ainsi fait acte de bienfaisance et non de commerce. Mais, pressés par les nécessités de la concurrence, ils n'ont pas été les maîtres de donner à la main-d'œuvre un prix de convention, un prix plus élevé que celui déterminé par la loi du marché où ils l'achetaient, sous peine de ne pouvoir vendre leurs produits au même prix que leurs concurrents indigènes ou étrangers, sous peine, par conséquent, de n'avoir plus de débouchés. Ah ! si le marché avait été complétement fermé comme sous l'ancien régime, si l'on n'avait pas eu à redouter la concurrence étrangère, s'il y avait eu des lignes de douane de province à province et d'État à État, si tout avait été factice et de pure convention, certes les patrons auraient pu élever le prix de la main-d'œuvre, parce qu'ils auraient pu vendre leurs produits aussi cher qu'ils l'auraient voulu. Mais sous le régime de la liberté commerciale, il ne dépendait pas d'eux de fixer le prix de leurs produits; par conséquent ils étaient obligés par la concurrence de payer la main-d'œuvre aussi bon marché que possible. Sous ce régime, il n'y a qu'un seul moyen de donner à la main-d'œuvre sa valeur réelle, c'est de lui donner la liberté du trafic, c'est-à-dire de lui permettre de se présenter sur le marché dans les conditions d'une complète indépendance et d'y produire, s'il y a lieu, à la même heure et partout, une hausse qui se réfléchira tout naturellement sur la valeur même des produits. Le cours du travail, comme le cours de toute marchandise, ne dépend pas du caprice ou de la bonne volonté de quelques-uns ou même de tous; il ne dépend que du jeu de lois économiques auxquelles personne, ouvriers ni patrons, ne peut se soustraire.

C'est ce que ne comprend pas l'ouvrier. Quand il souffre, il accuse la dureté de son patron, alors qu'il ne devrait s'en prendre qu'à l'inconséquence du régime économique sous lequel la Révolution l'a placé. Ses plaintes ont été bien souvent exagérées et surtout exploitées par la politique. Sa condition, à vrai dire, est plus heureuse en France que partout ailleurs. Cependant est-elle ce qu'elle pourrait et ce qu'elle devrait être? N'a-t-on jamais vu l'ouvrier ne gagner que le strict nécessaire à sa subsistance; travailler jusqu'à la limite extrême de ses forces, avec si peu de relâche que maintes fois le législateur a dû intervenir pour limiter le temps de son travail; livrer sa femme et ses enfants aux manufactures pour utiliser leurs forces; faire ainsi le vide autour de son foyer; renoncer aux habitudes, aux traditions, aux devoirs de la famille; chercher ailleurs des distractions malsaines; creuser sous ses pieds l'abîme du cabaret; renoncer à l'épargne et demeurer exposé à tous les risques du chômage, de la maladie, de la vieillesse; — de telle sorte que ce *minimum* nécessaire à sa subsistance qu'il recevait de l'industrie, ce *minimum* était dévoré par ses vices avant de suffire à ses besoins réels? De pauvre, il est devenu misérable; de malheureux, vicieux, et cela, parce qu'il a plié sous des lois, parce qu'il a vécu dans des conditions économiques absolument contradictoires avec le régime de la liberté commerciale nauguré par la Révolution.

Cette triste vie, il l'a menée seul, sans pouvoir trouver chez ses camarades cette assistance fraternelle et cette surveillance morale dont les meilleurs et les plus éclairés d'entre les hommes ne sauraient se passer. Rappelons-nous ces paroles que nous avons citées : « L'homme qui tient à un corps, craint beaucoup plus de se compromettre que l'homme isolé. »

Pourtant, dans son isolement, il a toujours conservé le besoin, l'instinct de l'association. Il semble qu'une voix secrète lui ait dit que là il trouverait le remède de ses maux.

§

Sous l'ancien régime, indépendamment des liens qui les rattachaient aux corporations, les ouvriers avaient formé entre eux des confréries et des sociétés de compagnonnage. C'étaient principalement les ouvriers du bâtiment, ceux qui, par l'usage, étaient appelés à faire leur *tour de France*. Ils trouvaient dans chacune des villes où ils devaient séjourner, une auberge particulière tenue par *une mère;* ils y étaient reçus aux meilleures conditions possibles; ils y rencontraient des compagnons pour les accueillir et des chefs pour les protéger. Ces chefs leur fournissaient du travail et ne leur permettaient pas de s'en aller ailleurs sans s'assurer qu'ils n'avaient aucune dette soit chez leur patron, soit chez la mère. « Le travail faisait-il défaut dans la ville, le premier compagnon ordonnait de partir à ceux qui avaient déjà fait le plus long séjour; le travail était-il demandé dans une autre ville, il y envoyait des ouvriers. Un compagnon tombait-il malade, il était soigné chez la mère; un compagnon était désigné pour veiller à son chevet; le chef venait le voir de temps à autre et lui porter une petite subvention. On prêtait de l'argent à ceux qui en avaient besoin pour se rendre d'une ville à une autre. On faisait la *conduite* à ceux qui partaient, on assistait pieusement aux funérailles de ceux qui mouraient; on célébrait en grande pompe la fête du patron (1). » De telle sorte que les ouvriers trouvaient dans le compagnonnage une assistance morale, matérielle et même économique extrêmement utile. Rien de plus

______

(1) Levasseur, *les Classes ouvrières jusqu'à nos jours,* t. I, *passim.*

remarquable, en effet, que les chefs compagnons rétablissant l'équilibre sur le marché, en proportionnant dans chaque ville le nombre des ouvriers à la demande de travail. A côté de ces avantages incontestables, le compagnonnage avait aussi ses inconvénients. Le plus grave, bien que conforme aux mœurs du temps, était d'entraver la liberté, en rendant intolérable la situation de l'ouvrier qui aurait voulu vivre indépendant. Puis les compagnons s'entouraient d'un mystère impénétrable ; ils se soumettaient, comme les francs-maçons, à des rites étranges ; ils s'imposaient des pratiques gênantes et coûteuses ; enfin, ils exerçaient les uns sur les autres, suivant leur degré d'ancienneté, ces vexations absurdes qui dégénèrent souvent en oppressions. Les hommes sont bien toujours les mêmes, quand ils ne sont pas éclairés par la raison et protégés par la liberté : intolérants, superstitieux et méchants ! Puis venaient les rivalités d'association à association, de *devoir* à *devoir*, comme on disait : les *enfants de Salomon* contre *les enfants de maître Jacques*, contre ceux *du père Soubise*, des *gavots* contre les *dévorants*, des *loups* contre les *bons diables*. Et ces rivalités dégénéraient sous le plus futile prétexte en rixes et en batailles rangées.

La révolution ne put complétement interdire ces sortes d'associations, que l'ancien régime avait tolérées. A l'époque du Directoire, quand le travail reprit, on les vit presque aussitôt reparaître avec leurs vieilles formes, avec leurs avantages, mais aussi avec leurs inconvénients. Sous le premier Empire, les villes de Nantes, de Montpellier, d'Angoulême, de Marseille furent le théâtre de luttes sanglantes où la justice et la troupe durent intervenir entre les compagnons des différents devoirs. Sous la Restauration, des scènes analogues se produisirent à Lunel, à Blois, à Nantes. En 1820, il y eut à Lyon un terrible conflit : des tailleurs de pierre d'une certaine confrérie avaient, sous la régence, joué cette ville pour cent ans. Ils avaient gagné et pendant un siècle ils étaient restés maîtres du terrain. Le siècle écoulé, d'autres compagnons arrivèrent : ceux-ci furent reçus à coups de marteau, et la justice n'intervint qu'après que bien des leurs furent restés sur le champ de bataille. Sous le gouvernement de Juillet, Lyon et Nantes, Auxerre et Sens furent encore le théâtre de pareilles violences. Il suffisait de compagnons mettant à leurs cannes des rubans adoptés par d'autres, d'un *dévorant* se promenant sur un âne en criant : *Hue ! gavot !* pour qu'il se commît des meurtres

ou qu'il s'engageât des batailles rangées. Cependant après 1830
une amélioration sensible se produisit dans l'état des esprits ;
beaucoup d'ouvriers renoncèrent aux formes et aux préjugés
ridicules qu'ils tenaient d'un autre âge ; ils créèrent quelques
sociétés indépendantes, telles que celle de l'*Union*, où il n'y eut
ni cannes, ni rubans, ni chants de guerre, ni mystère ; « mais
un règlement librement débattu, interprété par des syndics
et ne .servant qu'à développer l'assistance mutuelle par l'association (1). » Peu à peu le compagnonnage perdit ainsi de son
importance et de son autorité ; il tendit à disparaître, en laissant
derrière lui sans doute une légende mystérieuse et sanglante,
que l'imagination cherche à rendre plus sombre, mais aussi des
souvenirs et des enseignements dont les amis éclairés de la liberté
du travail feront bien de se souvenir.

§

Les *sociétés de secours mutuels* enlevèrent au compagnonnage
beaucoup de ses adhérents. L'origine de ces utiles associations
remonte au premier Empire. Elles se développèrent silencieuse-
ment sous la Restauration ; on en comptait près de trois cents
en 1830. Après la révolution de Juillet, elles se multiplièrent
rapidement, sous l'influence du clergé, qui, surtout dans le Midi,
les prit sous son patronage. Ce ne fut pas toutefois sans éveiller les
scrupules d'une administration toujours défiante, que l'opinion
même du ministre de l'intérieur ne put rassurer. En 1840, en effet,
M. de Rémusat disait dans une circulaire : « Ces sociétés réalisent
au plus haut degré les conditions d'un bon système de secours
formé par les économies de ceux même qui doivent, en cas de
besoin, y prendre part... La seule participation à une association
de ce genre est, de la part du souscripteur, une garantie d'ordre,
de prévoyance et d'économie. Partout où des sociétés de secours
mutuels ont été établies, on a déjà pu en apprécier les excellents
effets sous le double rapport de l'*ordre public* et de la diminution
du nombre des pauvres admis dans les hôpitaux. » — Que peut un
esprit libéral contre la routine ? MM. les préfets ne se tinrent pas
pour convaincus, et mirent tous leurs soins à gêner les sociétés

____

(1) Levasseur, *id., passim.*

de secours mutuels, dans lesquelles ils ne cessèrent de voir des pépinières d'émeutiers. Retenons ce souvenir.

Il convient cependant de le constater : beaucoup de sociétés de secours mutuels ne réussirent pas, parce que la modicité de leur budget ne leur permit pas de faire face à leurs engagements. D'un autre côté, beaucoup d'entre elles ne purent fonctionner qu'à l'aide des capitaux apportés par la bienfaisance de membres honoraires. Quoi qu'il en soit, il y avait en 1847 environ deux mille cinquante-six sociétés disposant d'un capital de cinq millions et demi. La plupart n'avaient qu'une existence extra-légale ; elles vivaient sous la menace permanente de l'article 291 du Code pénal, grâce seulement à la tolérance inquiète de l'administration.

Emancipées par la révolution de 1848, leur nombre devint si considérable que le gouvernement sortit de sa réserve. Sous prétexte de les protéger, il résolut de les soumettre à sa tutelle, craignant, non sans quelque raison, que la politique ne prît le masque de l'assistance. Par une première loi votée en 1850, il leur accorda certains avantages, notamment de pouvoir recueillir des dons et des legs ; mais il leur imposa certaines obligations, leur interdit de promettre des pensions de retraite et limita le nombre de leurs membres. Il autorisa définitivement les sociétés qui acceptèrent ces conditions ; quant aux autres, il les laissa vivre, mais seulement sous la menace perpétuelle d'une dissolution prononcée de l'avis du conseil d'État. En 1852 une loi nouvelle vint ajouter aux bienfaits comme aux précautions de la loi précédente. Elle créa une troisième classe : les *sociétés approuvées*, lesquelles durent laisser au chef de l'État la nomination de leur président, admettre des membres honoraires et ne pas promettre de secours contre le chômage. Toutes ces sociétés furent placées sous le patronage d'une commission supérieure.

Les avantages accordés aux sociétés approuvées, notamment le droit de promettre dans certaines conditions des pensions de retraite, firent que la plupart des sociétés nouvelles adoptèrent cette forme. Il s'en établit un grand nombre. A la fin de 1866 on en comptait cinq mille cinq cent quatre-vingt-une, dont trois mille neuf cent vingt-quatre avaient reçu l'approbation ; elles réunissaient plus de huit cent mille membres, dont cent mille honoraires et environ cent mille femmes. Leur capital disponible était de 9,830,673 fr. et leur capital des retraites de 10,000,000.

Si nous nous en tenons à ces chiffres, il est incontestable que la tutelle de l'État n'a pas été sans favoriser le développement des sociétés de secours mutuels ; gardons-nous pourtant de les en féliciter, car elle en a complétement changé le caractère. Ces sociétés ne sont plus des unions volontaires, librement formées entre ouvriers, dans un but d'assistance et de surveillance mutuelle, pouvant dans une certaine mesure donner satisfaction à ce besoin d'association, toujours vivace en dépit des lois, et qui les avait maintenus si longtemps dans les liens surannés du compagnonnage. Les ouvriers ne virent plus dans les sociétés de secours mutuels qu'une des formes de la bienfaisance officielle unie à la charité particulière. Les uns les acceptèrent, y trouvant leur avantage ; les autres, en bien plus grand nombre, les repoussèrent, se défiant d'une surveillance déguisée sous la forme du patronage ; nuls n'y trouvèrent les garanties qu'ils pouvaient attendre du droit d'association.

§

Ainsi, depuis la Révolution, la classe ouvrière n'avait pu faire que deux brèches à la loi de 1791 : par l'une, elle avait ramené cette vieille institution du compagnonnage, plutôt pour son mal que pour son bien, et seulement dans un nombre limité de professions ; par l'autre, elle avait introduit l'institution nouvelle des sociétés de secours mutuels, « qui pouvait devenir, suivant l'expression d'un rapport fait à l'Institut en 1830, un des principaux éléments du progrès, » mais qui changea tout à fait de caractère le jour où la main protectrice du gouvernement impérial se fut étendue sur elle.

Eh bien ! ne pouvant abattre le mur, les ouvriers sautèrent par-dessus, pour se précipiter hélas ! dans le cloaque des sociétés secrètes. A proscrire l'association, l'État moderne a gagné la société secrète.

La société secrète, c'est-à-dire la grande coupable de notre temps. Nous n'avons pas à en faire l'histoire ; cette histoire n'est que trop connue, et tout récemment encore nous en pouvions lire une page tristement curieuse dans un rapport fait à l'Assemblée sur la ville de Lyon. Nous pouvions assister par la pensée à ces conciliabules secrets, connaître leurs formes mystérieuses, mésurer leur influence, pénétrer leurs desseins, et comprendre que pas un complot, pas un crime politique ne s'est produit sans y avoir été conçu et enfanté. Nous pouvions apprécier également l'impuissance et l'attitude presque ridicule du gouvernement : armé des art. 191 et autres, il parvenait bien à faire distribuer trente ans de prison à des malheureux dont le crime était de s'être coalisés pour que leurs patrons cessassent de les exposer à la délétère influence du poussier de charbon; mais il ne pouvait atteindre dans leurs repaires aucun des misérables qui méditaient le meurtre des princes et le pillage des cités.

Le besoin de s'associer et l'interdiction de le faire honnêtement ont donc jeté les ouvriers dans la société secrète. C'est là qu'ils ont rencontré le coupe-jarret politique, leur plus grand ennemi, celui qui s'acharne à exploiter leur misère et leur ignorance, tant qu'il n'a pas conquis la place ou le mandat législatif, objet de sa convoitise; celui qui leur trouble le cerveau, les pousse au crime et les arme pour des combats auxquels lui-même assiste du fond de sa cave.

Or pour s'emparer des ouvriers, pour leur demander leur cœur et leurs bras, il ne suffisait pas de leur parler politique. La légende de Sainte-Hélène devait être elle-même bien vite épuisée. Quant aux démêlés entre les Bourbons et les d'Orléans, entre M. Thiers et M. Guizot, les boutiquiers pouvaient bien faire semblant d'y comprendre quelque chose, pour se donner des airs d'importance et des galons dans la garde nationale; les ouvriers n'y prenaient qu'un médiocre intérêt. Pour soulever leurs passions, il fallait ne leur parler que d'eux-mêmes, exagérer leurs misères, exciter leurs convoitises, les irriter contre les patrons, les capitalistes, les riches, leur enseigner enfin que tout le mal provenait d'un gouvernement et d'une société qui se plaisaient à les écraser. Cette conviction entrée dans leur esprit, on ne devait pas avoir grand' peine à les soulever contre les institutions et les lois de leur pays, contre ceux qui les défendent au nom de l'ordre, et contre ceux qui en commandent le respect au nom de la religion.

Ainsi se développa, au sein des sociétés secrètes, ce mal que nous avons appelé SOCIALISME. Ce fut vers 1830, à peu près à l'époque où le choléra fit ses premiers ravages, et tandis que les disciples de Saint-Simon et de Fourier endormaient l'opinion publique avec des sophismes qu'on prenait pour les symptômes d'une innocente et douce folie. Le cœur des ouvriers commença à se remplir de fiel, leur esprit à se troubler, leur sens moral à s'affaiblir; il leur sembla que tout était permis contre une société sans entrailles, qui traitait les « prolétaires » en esclaves, leur refusait le nécessaire et vivait « de leurs sueurs. » On vit apparaître la légende de la *sueur du peuple*. La sueur du peuple! sous prétexte de l'essuyer, les politiques allaient bientôt faire couler le sang, sans autre dessein que de s'emparer du pouvoir.

Ils y réussirent une première fois en février 1848. Le peuple les porta sur ses épaules jusqu'à l'hôtel de ville, qu'ils devaient brûler ou laisser brûler plus tard. Il reçut d'eux, en échange de ce service, une leçon qu'il n'aurait pas payée trop cher s'il en avait profité. C'était en effet l'heure de tenir leurs promesses et de réaliser ces fameuses réformes qui devaient inaugurer une ère nouvelle sur les ruines de l'ancien monde; c'était l'heure de donner aux prolétaires le bien-être, la sécurité, la richesse, d'abattre toutes les supériorités sociales, de mettre un terme à l'*exploitation de l'homme par l'homme*, des salariés par les patrons, d'abolir enfin toutes les vieilles superstitions inventées pour assurer la domination des privilégiés; c'était l'heure de faire tout cela. Eh bien! que firent-ils? Ils se partagèrent les honneurs et les places, en déclarant que tout était pour le mieux dans la meilleure des républiques, tandis que M. Louis Blanc, du haut de la tribune du Luxembourg, distribuait au peuple les richesses de son imagination. Ce furent les seules richesses distribuées. Le peuple, après avoir mis trois mois de misère au service de ses nouveaux maîtres, en fut pour son sacrifice; il subit une crise terrible; la souffrance le jeta dans les bras des émeutiers de juin, plus pervers encore que ceux de février, et le canon fit le reste.

§

Au lendemain de cette catastrophe, lorsque la France, rentrée en possession d'elle-même, se fut débarrassée de la plupart des malfaiteurs qui s'étaient emparés d'elle par surprise, on put croire que le socialisme n'était plus à craindre, et que les ouvriers reconnaîtraient dans quelles erreurs on les avait précipités. L'Assemblée législative fit tous ses efforts pour les leur faire abandonner; elle s'occupa de leurs maux, de leurs besoins, de leurs droits, de leur éducation. Il n'y a pas eu d'assemblée qui ait plus travaillé, de meilleur cœur et de meilleure foi, à pacifier les esprits et à donner satisfaction aux intérêts légitimes. Malheureusement elle s'y prit avec maladresse. Elle aurait dû comprendre, surtout en présence du suffrage universel, que les ouvriers ne voulaient déjà plus rien attendre que d'eux-mêmes, qu'ils repoussaient toute tutelle, et qu'il n'y avait plus pour eux qu'une seule institutrice : LA LIBERTÉ.

La liberté leur aurait appris, non sans peine, mais avec certitude, — elle leur aurait appris, par leur propre expérience, quels sont les lois des sociétés et les principes de l'ordre économique. Ils se seraient trouvés, grâce à elle, en présence des nécessités et des exigences de la vie sociale; ils auraient compris par eux-mêmes où sont leurs intérêts véritables, et fait, vingt ans plus tôt, en pleine paix, l'expérience qu'ils poursuivent aujourd'hui dans les conditions les plus défavorables.

L'Assemblée législative se contenta de punir les sociétés secrètes, sans permettre les associations honnêtes; elle maintint en l'aggravant la législation de 1791, et crut sincèrement pouvoir réussir là où les gouvernements précédents avaient échoué.

Le résultat ne se fit pas attendre. Les sociétés secrètes se reformèrent; les mêmes doctrines s'y répandirent, le même public s'y entassa, les mêmes politiques s'y installèrent en maîtres, et le socialisme, vaincu dans la rue, dans la presse, à la tribune, partout où il avait affronté une lutte ouverte, y reparut à l'abri de toute contradiction, sous l'influence des convoitises et des rancunes populaires.

Cette fois l'opinion publique ne ferma plus les yeux, comme avant 1848. Elle tomba dans la faute contraire. Elle s'exagéra tellement la gravité du péril, qu'elle allait croire tout perdu quand un prince audacieux vint la rassurer en prenant l'affaire à son compte.

Cette affaire d'ailleurs, il la connaissait à merveille; il était de ceux qui l'avaient lancée, de ceux qui avaient cherché à se faire une popularité avec le socialisme. Il y avait mieux réussi que d'autres, si bien que cette popularité ne fut pas ébranlée par ses compromis avec les conservateurs. Ceux-ci disaient : « C'est un sauveur, lui seul peut tirer la France de l'abîme; » les autres : « C'est un réformateur; lui seul peut accomplir la révolution sociale ! » Quant à lui, il avait sincèrement la prétention d'être l'un et l'autre, et le désir de jouer ce double rôle à son profit personnel.

Jusqu'en 1852 il fut sauveur. Il fut réformateur ensuite. Jusqu'en 1862, il s'efforça de maintenir l'ordre matériel, en imposant silence à tout le monde, aux conservateurs comme aux socialistes. Il réussit auprès des premiers; il les endormit, il les paralysa, il leur ferma les yeux, les oreilles et la bouche; peut-être aurait-il mieux fait de les achever, afin de leur éviter un abominable réveil ! Auprès des seconds, il échoua, non pas en apparence, — car tout demeurait dans l'ordre, — mais en réalité, car, pendant que tout se taisait, le mal social se propageait au sein de la classe ouvrière avec une effrayante rapidité.

D'autres causes que les sociétés secrètes contribuèrent au progrès de ce mal. Les premières années du second Empire furent celles où les résultats de la loi de 1832 sur l'instruction primaire, développés par la loi de 1850, atteignirent, au milieu de la population ouvrière, leur complet développement. Il n'y eut, à partir de cette époque, que peu d'ouvriers ne sachant pas lire. Or l'instruction est la meilleure ou la pire des choses, suivant qu'elle est bien ou mal dirigée. *Science sans conscience est la ruine de l'âme*, a dit un auteur fameux du XVIe siècle. Il arriva qu'au moment où la classe ouvrière sut lire, dépravée déjà par les sociétés secrètes, elle ne consentit à lire que les produits de la mauvaise presse et de la mauvaise littérature, les romans-feuilletons et les journaux communistes, l'obscène joint à l'odieux. Certains romans firent plus pour répandre les idées subversives que tous les discours des tribuns.

Ces années-là furent aussi témoins de l'achèvement de notre premier réseau de chemins de fer, de l'établissement du service télégraphique et du développement du service postal, progrès immenses, dont les conséquences et les bienfaits se firent partout sentir, à la classe ouvrière comme à toutes les autres. Les ouvriers cessèrent d'être attachés au sol, ils transportèrent leur travail partout où ils purent en recevoir un prix avantageux; pour les uns, il se fit un va-et-vient périodique qui les poussait pendant une saison dans certaines villes et les ramenait ensuite dans leur famille; pour les autres, un mouvement de concentration qui les conduisait et les fixait sans esprit de retour à Paris, à Lyon, dans tous les centres de la grande industrie. Alors se forma cette immense agglomération parisienne, que le gouvernement commit la faute énorme de favoriser outre mesure. Ces émigrations, ces concentrations eurent pour conséquence de rapprocher les ouvriers les uns des autres, et de leur permettre d'échanger, non plus d'atelier à atelier, mais de ville à ville, de pays à pays, les idées, les espérances et les haines que le socialisme leur avait inspirées.

Tandis que la classe ouvrière sortait ainsi de l'isolement intellectuel où l'avait retenue son ignorance, de l'isolement matériel où l'avait retenue la difficulté des transports et des communications, par une contradiction fatale, son isolement légal subsistait seul, avec un redoublement de sévérité. On ne lui permettait même pas de constituer des sociétés de secours mutuels indépendantes; on la contraignait à rester en dehors du mouvement général par lequel l'industrie française était entraînée vers l'association.

Aussi s'abandonna-t-elle définitivement au socialisme. Proudhon devint son guide, la *liquidation sociale* l'objet de ses vœux uniques. Elle se persuada de plus en plus qu'un bouleversement général pourrait seul la tirer de cet état d'infériorité, de servitude légale, où la maintenait, croyait-elle, l'égoïsme des classes dirigeantes. Elle se révolta contre les lois imposées par cette société cruelle. Contrainte par la force de respecter les lois politiques, elle se rejeta sur les lois morales, et principalement sur la religion qui enseigne la soumission aux pouvoirs établis et le respect des grands principes sociaux; trop souvent même, non contente de se livrer aux utopies révolutionnaires, elle se laissa entraîner par les influences pernicieuses des grandes villes, contre lesquelles rien ne pouvait plus la défendre.

De telle sorte que, grâce au système inauguré par la loi de 1791, une crise ouvrière, qui ne devait être qu'une crise économique, devint une crise sociale. Au lieu de chercher simplement le moyen d'ouvrir le marché du travail et d'y mettre en équilibre acheteurs et vendeurs, on ne voulut rien moins que bouleverser de fond en comble la société française. Pauvre France, qui, pour avoir redouté l'association, se voit miner par les sociétés secrètes, et, pour n'avoir pas osé vivre de liberté, se meurt de révolution !

§

Ainsi, malgré la prospérité dont jouissait le pays, le développement prodigieux des affaires, l'élévation des salaires, les mesures prises pour augmenter le bien-être des ouvriers, l'ordre apparent établi dans tout l'empire, le mal social s'était étendu vers 1862 à toute la classe ouvrière.

Ce fut précisément alors que l'empereur résolut de quitter le rôle de sauveur pour celui de réformateur.

Sans doute il se laissait prendre lui-même aux apparences. Son pouvoir, à la suite des guerres heureuses qu'il avait entreprises, semblait si solidement établi, qu'il devait le croire à l'abri de toute atteinte. Qui ne se rappelle en effet l'ovation qu'il reçut dans les faubourgs de Paris et de Lyon à son départ pour l'Italie? N'était-il pas opportun de consolider ce pouvoir et cette popularité, en accordant enfin à la classe ouvrière la satisfaction de ce qu'on nommait déjà ses *aspirations sociales?*

Dans cette pensée le gouvernement permit aux ouvriers de se rassembler à Paris, par corps d'état, de nommer des délégués pour aller visiter l'exposition universelle de Londres et faire profiter leurs camarades des résultats de leurs études.

Ce voyage fut un événement considérable. Le préfet de police, qui suppliait l'empereur de ne pas l'autoriser, en avait le pressentiment. Les délégués laissèrent à Londres les germes de l'*Internationale* et rapportèrent à Paris le premier manifeste qui ait été rédigé par les ouvriers eux-mêmes.

A partir de cette époque, et dans l'espace de quelques années, le gouvernement, — en refusant toujours aux ouvriers la liberté d'association, sans laquelle rien d'utile n'était possible,—leur fit, pour ainsi dire au hasard, une foule de concessions, et leur prodigua sans préparation des droits dont ils ignoraient l'usage. Il leur accorda de la sorte l'abrogation des articles du Code pénal qui punissaient la *coalition,* la faculté de former des *sociétés coopératives,* la suppression de l'*article* 1781 du Code civil, enfin le *droit de réunion.*

Ce ne fut pas une réforme, ce fut une révolution dans l'ordre économique. Une réforme sagement et prudemment faite, quel bienfait pour la classe ouvrière, quel service pour le pays tout entier! Mais une révolution!... Les effets ne tardèrent pas à s'en faire sentir. Il arriva aux ouvriers ce qui serait arrivé à Tantale, s'il était subitement tombé dans le lac au-dessus duquel il était suspendu : ils tombèrent dans la liberté et s'y noyèrent à force d'y boire.

Nous ignorons en France l'art des transitions. Nous sommes pénétrés de beaux axiomes, nous répétons qu'il est de la dernière imprudence de faire passer subitement à la lumière du jour un homme plongé dans les ténèbres, et cependant nous ne faisons pas autre chose. Voici des masses ouvrières qui sont depuis quatre-vingts ans privées du droit de s'associer; qui n'ont entre elles aucun lien sérieux, aucune discipline, aucun contrôle ; qui n'ont pas l'expérience des lois économiques et politiques ; qui sont corrompues par les sociétés secrètes, pleines de préjugés, de haine contre les patrons, de rancunes contre la société ; qui ne rêvent qu'un bouleversement social... On les émancipe tout d'un coup, sans ménagement, sans précaution, sur la lecture d'un programme qui n'est qu'une menace, et on se flatte de trouver chez elles le calme, la modération, la prudence ! Mais c'est pure folie ! Mais ces ouvriers, qui s'imaginent avoir subi pendant si longtemps une loi qu'ils trouvent inique, vont vouloir la faire à leur tour, l'imposer par la force, s'emparer du capital, dominer les patrons, les exploiter, que disons-nous? les supprimer!

Et puis se contenteront-ils d'une réforme économique ? Vont-ils ouvrir soudainement les yeux à la vérité et chasser les imposteurs qui depuis si longtemps trafiquent de leur misère et de leur ignorance? Nullement; la politique va les envahir et les dominer. Leurs sociétés coopératives seront des bureaux de recrutement révolutionnaires; leurs réunions publiques, des officines où se manipuleront les pires doctrines; leurs grèves, des émeutes déguisées. L'*Internationale*, dont les premières ressources seront venues de la cassette impériale, deviendra leur club central, jusqu'à ce que les grands politiques qui les conduisent leur donnent encore cette seconde et terrible leçon : la Commune !

Et puis dans quelles conditions cette prétendue réforme est-elle accomplie? L'empereur, obéissant à ce vague instinct de socialisme qu'il n'a jamais perdu, s'imaginant qu'il va jouer un grand rôle, veut aller jusqu'au bout, et, sans tarder, briser les obstacles; mais les conseillers qui l'entourent, plus clairvoyants que lui, ne le suivent qu'à regret et cherchent à retenir ce qu'il prétend donner. C'est pourquoi les lois nouvelles ne gardent aucune mesure, elles sont à la fois excessives et insuffisantes, elles font des concessions dangereuses et n'en font pas de nécessaires. Ne parlons pas de cette malheureuse loi sur les réunions publiques, la dernière de celles qui devaient être faites, loi insensée, bonne pour les badauds et les malfaiteurs, qui ne servit qu'à formuler le programme de la future Commune : nous y reviendrons. Prenons la première de toutes, et la plus juste, la plus humaine, la meilleure, celle qui rendit enfin aux ouvriers le droit de se concerter pour déterminer la valeur de leur travail et résister aux prétentions excessives de leurs patrons. Quel dessein plus louable, et cependant quelle mesure plus funeste ! Comment! on donne aux ouvriers le droit de se soulever en masse, de déserter leurs ateliers, d'entrer en lutte avec leurs patrons, et on leur refuse celui de raisonner et de préparer l'acte si grave qu'on leur permet d'accomplir! On les oblige à s'abandonner aux tumultueux et aux violents, qui transforment leur résistance en sédition; on les empêche, avant la grève et après la grève, de s'associer entre eux, de se réunir par corps de métier, et de confier la direction de leurs intérêts communs aux plus sages, aux plus instruits, aux plus dévoués; on réforme les articles 415 et 416, qui prohibent les coalitions, et on maintient l'art. 291 et la loi de 1834, qui interdisent l'association ! C'est exactement la marche contraire que le bon sens indiquait. Avant de confier une arme à des mains inexpérimentées, il faut en enseigner l'usage. L'association pouvait seule apprendre aux ouvriers à se servir d'une façon utile, opportune et légitime de cette arme terrible qui s'appelle la coalition.

La manière dont ils s'en sont servis a dû plus d'une fois troubler la conscience et l'orgueilleuse quiétude de ceux qui la leur ont donnée. Ils ont fait à l'industrie nationale de cruelles blessures, ils ont troublé la sécurité publique, ils ont sacrifié sans raison et sans nécessité leurs propres intérêts au désir de nuire, et finalement ils ont causé une agitation sans cause et sans résultats. Nous n'avons pas à faire ici l'histoire de ces grèves surgissant de tous côtés dans les dernières années de l'Empire, et contre lesquelles il a fallu souvent faire appel à la force armée. Mais nous savons ce que ces grèves ont coûté à notre pays.

§

Mieux avisés que les législateurs, les ouvriers ont fini par le comprendre. Ils ont payé cher l'expérience qu'ils ont faite, mais enfin ils en ont profité. Aussitôt après les premières grèves, beaucoup d'entre eux ont reconnu qu'il était absurde de se lancer ainsi dans des luttes violentes, sans en calculer à l'avance les conséquences et l'opportunité ; que c'était s'exposer à des échecs certains et faire en pure perte de douloureux sacrifices. Aussi résolurent-ils de former, sur le conseil de ceux d'entre eux qui avaient été à Londres en 1862, des *sociétés de résistance*, destinées à préparer les grèves à l'aide de souscriptions recueillies à l'avance, à en déterminer l'heure et les conditions. Des sociétés de ce genre se multiplièrent dans les différents corps d'état ; elles réussirent à l'aide d'une propagande active et de certaines allures mystérieuses qui leur donnaient ce caractère d'association secrète, alors pourtant que l'administration ne songeait pas à les inquiéter. Elles n'avaient d'autre objet que de permettre à leurs adhérents de se mettre en grève, soit individuellement, soit en nombre, mais après avoir essayé d'une entente amiable avec les patrons. Nous avons sous les yeux les statuts de la société des sculpteurs : son but unique était « d'indemniser tout sociétaire victime de différends se rattachant au maintien des prix de travail. » Elle avait décidé que les fonds versés par les sociétaires ne pourraient jamais être employés pour un autre but, à ce point que si un sociétaire indemnisé venait à tomber malade, son indemnité serait suspendue jusqu'à son rétablissement. Les sociétés de résistance finirent par se grouper autour d'un comité central siégeant place de la Corderie, au lieu même où se réunissaient les membres de l'*Internationale*, dont l'influence se fit tout aussitôt sentir. Les sociétés de résistance parisiennes devinrent la base de l'organisation de cette puissante société.

Ces sociétés de résistance réalisaient un progrès sur l'état antérieur, en ce sens qu'elles permettaient aux ouvriers de ne plus agir au hasard et les mettaient en demeure de s'entendre avec les patrons avant de s'abandonner à la grève : leurs statuts leur faisaient une obligation de tenter une entente préalable. Rarement, il est vrai, ces pourparlers réussirent ; il y en eut cependant des exemples, et le seul fait d'y recourir témoignait d'une disposition meilleure des esprits.

Malgré tout, il n'y avait encore là qu'un expédient déplorable. Le but réel des sociétés de résistance était d'organiser la grève, c'est-à-dire la guerre dans l'industrie, une guerre civile entre ces deux éléments inséparables de la production, le capital et le travail, où l'un des deux devait succomber au grand détriment de l'autre. Sur le marché du travail, la grève est une disette artificielle ; elle engendre tous les désastres d'une disette naturelle. C'est un moyen violent qui ne doit être employé qu'à la dernière extrémité, une arme de combat, une arme meurtrière qui blesse surtout ceux qui s'en servent.

§

Les ouvriers l'apprirent encore à leurs dépens, et, malgré leurs préjugés, leur ignorance des lois économiques, beaucoup d'entre eux se dégoûtèrent des sociétés de résistance ; beaucoup résolurent de changer de tactique, d'abandonner les moyens violents, et de vaincre le capital, qu'ils croyaient toujours leur ennemi, avec ses propres armes, c'est-à-dire avec l'épargne. En conséquence, vers 1865 ils revinrent à l'idée des *sociétés coopératives*, essayées d'abord en 1848 et bientôt abandonnées. Ils se persuadèrent qu'ils trouveraient dans ce genre d'associations le moyen d'être à la fois producteurs et commerçants, c'est-à-dire de garder pour eux-mêmes la rémunération qu'ils partageaient avec leurs patrons. Ils les multiplièrent en quelques mois sous leur triple forme de sociétés de crédit, de consommation et de production, recevant de l'opinion publique de nombreux encouragements et du gouvernement des subsides considérables. Une loi fut préparée et votée le 24 juillet 1867 pour faciliter leur entreprise. A cette date, suivant le rapport des délégués lyonnais à l'exposition, on comptait en France près de trois cents sociétés coopératives.

Toutefois, au moment où la loi nouvelle allait être votée, bien des mécomptes étaient déjà survenus. Les *sociétés coopératives* sont assurément une forme d'association commerciale qu'il serait absurde d'interdire, et qui peut, dans certains cas, produire de bons résultats. Mais elles ne sauraient se généraliser et servir de type à tout un régime industriel. Elles reposent en effet sur des données condamnées par l'expérience et par la science économique ; elles manquent d'une direction suffisante ; elles n'obtiennent que difficilement le crédit nécessaire ; elles éloignent d'elles, par l'égalité des salaires, à la fois les meilleurs et les plus mauvais ouvriers : les premiers parce qu'ils ne se trouvent pas assez payés, les seconds parce qu'ils coûtent trop cher. Sans doute il y a des sociétés coopératives qui réussissent, mais ce n'est jamais que

grâce à l'intelligence exceptionnelle de ceux qui les dirigent, à
leur dévouement persévérant, au concours de circonstances favorables éloignant les risques commerciaux, enfin à la sagesse et à la
modestie de leurs entreprises. Il ne faut pas qu'elles s'écartent de
leur sphère et qu'elles aient la prétention soit d'entrer en lutte
avec la grande industrie, soit de transformer le monde industriel.
C'est pour avoir eu tout d'abord ces visées ambitieuses que les
ouvriers coopérateurs échouèrent dans leur tentative. Mais,
loin de se laisser décourager, ils crurent voir la cause de leur
échec dans la précipitation et le défaut d'entente avec lesquels
ils avaient agi, et ils résolurent de recommencer l'expérience dans
des conditions plus favorables. C'était au moment de l'exposition
universelle de 1867. Le gouvernement avait organisé, sous la
présidence de M. Devinck, des commissions ouvrières comme en
1862. Ces commissions avaient été composées des délégués de
chaque corps d'état, choisis par tous les ouvriers, et pris, à n'en
pas douter, parmi les plus honnêtes et les plus intelligents. Leurs
rapports sont souvent des œuvres remarquables au point de vue
technique; au point de vue social, que le gouvernement leur
avait demandé d'examiner, ils contiennent sans doute beaucoup
d'utopies et de vœux imprudents; mais ils ne renferment aucun
des sentiments haineux et mauvais qui depuis ont éclaté sur les tri-
bunes populaires. Les commissions ouvrières, qui comprenaient
quatre cents délégués, avaient formé une commission centrale,
dans les procès-verbaux de laquelle il est facile de découvrir leurs
desseins. Leur but était la suppression de tout intermédiaire
entre le producteur et le consommateur, et par conséquent l'attribution au producteur de tous les fruits de son travail; c'était
l'abolition du salariat, « cette dernière forme de l'esclavage; »
c'était le développement du principe coopératif; leurs moyens,
l'association permanente de la classe ouvrière, et son organisation
par corps d'état sous la direction des CHAMBRES SYNDICALES. On
pensait que ces chambres pourraient exercer sur la formation
des sociétés coopératives une influence favorable, leur fournir les
capitaux et leur obtenir le crédit que l'initiative individuelle ne
parvenait pas à trouver.

§

Depuis quelque temps déjà des chambres syndicales avaient
été établies dans certaines corporations ouvrières sur le modèle
des chambres de patrons. Les cordonniers en avaient une comprenant plus de six cents membres et dirigée par vingt et un
syndics ; les typographes avaient également formé la leur au sein
de leur société de secours mutuels ; enfin les ouvriers du bâtiment en avaient une autre qui réunissait les maçons, les char-
pentiers, les couvreurs, les fumistes, etc., et qui commençait à
exercer une influence considérable.

Ces chambres syndicales, auxquelles la commission ouvrière
voulait confier le développement du mouvement coopératif, n'a-
vaient pas été créées pour cet objet. Elles avaient surtout pour but
de remplacer les *sociétés de résistance*. Les sociétés de résistance
étaient, nous l'avons dit, des associations de combat ; les chambres syndicales devaient être des associations d'organisation. Les
premières étaient établies en vue de la grève, simplement pour
l'organiser et pour imposer aux patrons les conditions de la
paix. Elles avaient éveillé les inquiétudes du gouvernement.
Déjà une condamnation était intervenue contre des ouvriers tailleurs qui en avaient formé une au moment même de la lutte.
Les autres étaient créées pour empêcher les grèves, pour établir
à l'avance entre ouvriers et patrons des rapports permanents et
réguliers, de nature à prévoir ou apaiser toute sorte de conflits. Leurs fondateurs n'étaient pas moins pénétrés que d'autres
des préjugés que le socialisme avait répandus contre le *patronat*
et le *salariat ;* ils comptaient aussi sur une réforme complète
du système économique et l'attendaient également du développement du principe coopératif ; mais ils avaient le bon sens
de comprendre qu'une pareille réforme ne pouvait être accomplie du jour au lendemain et par des moyens violents. Ils voulaient la préparer pacifiquement, sans crise, sans trouble, en
donnant à la classe ouvrière le temps d'acquérir l'instruction qui
lui manquait et les ressources dont elle était dépourvue. Dans
leur pensée les syndicats devaient être ses guides et lui servir à
sortir de l'état d'infériorité morale où elle se trouvait, aussi bien

qu'à défendre ses intérêts collectifs. « Depuis quelque temps, disaient-ils, les sociétés de résistance tendent à se généraliser... Des grèves terribles, désastreuses pour notre industrie, ont eu lieu et durent encore. Elles ne se seraient probablement pas produites si, en face des chambres syndicales de patrons abondamment pourvues d'argent, il s'était trouvé des chambres syndicales d'ouvriers fonctionnant avec prudence et autorité, et continuellement éclairées par la liberté de réunion et par la liberté d'association des travailleurs intéressés. » Les statuts de la société des cordonniers décidaient donc que leur chambre interviendrait autant que possible dans les discussions et les conflits qui pourraient avoir lieu entre les patrons et les ouvriers; dès que des questions d'intérêt général viendraient à se présenter, elle se mettrait en rapport avec la chambre patronale par voie de délégation et ferait tous ses efforts pour arriver à la conciliation des deux parties. « Néanmoins, ajoutaient-ils, les décisions et les résolutions prises par les chambres syndicales ne peuvent avoir qu'un effet moral, et les conventions particulières entre patrons et ouvriers doivent toujours être respectées. » Ce ne serait qu'après avoir épuisé tous les moyens de conciliation qu'on se déciderait à soutenir par des indemnités les ouvriers obligés de quitter leurs ateliers. Voilà pour les intérêts matériels; quant aux intérêts moraux, la chambre devrait « appeler l'attention de ses mandants sur toutes les mesures et réformes qui pourraient aider au progrès, à la prospérité et au développement du travail et du bien-être de l'ouvrier, en respectant toujours les principes de liberté et d'égalité qui servent de base au régime économique de la société française; elle surveillerait et patronnerait les apprentis, établirait une bibliothèque et des cours professionnels, se chargerait du placement des ouvriers sans travail. »

La commission centrale ouvrière ne devait pas rester indifférente à la question des syndicats ainsi posée par les corporations qui en avaient pris l'initiative. Si elle y vit un instrument favorable au développement du principe coopératif, elle reconnut également toute l'importance qu'elles pourraient avoir, sans sortir du cercle d'attributions qu'elles s'étaient tracé, pour la protection et les progrès de la classe ouvrière. Après avoir consacré plusieurs séances à l'examen de cette question, elle rédigea, pour M. le ministre du commerce, un mémoire dans lequel elle résuma et compléta les vues des fondateurs des premières chambres syndicales : « Ces chambres, disait-elle, composées d'un certain nombre de syndics nommés par le suffrage de tous les ouvriers de chaque profession qui voudront être représentés dans la chambre syndicale, avaient pour mission :

« De préparer par tous les moyens la conciliation des patrons et des ouvriers en sauvegardant les intérêts de tous. Ce résultat tant désiré ne peut être atteint que si les syndicats ouvriers acquièrent, par le concours de l'administration, une force morale égale et une existence aussi assurée que celle des syndicats des patrons, soutenus par des capitaux et consacrés par la confiance du tribunal de commerce qui leur renvoie les expertises. Les services que ces syndicats pourraient rendre en outre à notre industrie nationale et à tous les travailleurs peuvent se résumer ainsi :

« Resserrer les liens de solidarité entre les travailleurs de chaque profession en les intéressant à toutes les améliorations qui peuvent sembler utiles aux syndicats ;

« Provoquer l'organisation de toutes les assurances contre le chômage, la maladie, les infirmités et la vieillesse ;

« Eviter tout acte de pouvoir qui pourrait gêner la liberté et l'initiative individuelle ;

« Surveiller paternellement l'exécution des contrats d'apprentissage, afin de mettre les parents en garde contre certains industriels qui font métier de prendre des apprentis et qui ne donnent à l'industrie que des ouvriers incomplets et incapables de se faire vivre ;

« Provoquer la formation des sociétés coopératives de production et autres ;

« Préparer des associés par l'étude publique des lois, règlements et statuts relatifs à ces sociétés ;

« Recueillir avec soin tous les moyens employés avec le plus de succès dans la fabrication, et vulgariser les meilleures manières de faire, afin de développer l'intelligence et les connaissances industrielles des travailleurs au profit de l'industrie nationale.

« Recueillir les inventions et les perfectionnements opérés dans chaque industrie; concourir à la garantie de la jouissance des brevets obtenus par les ouvriers ;

« Provoquer, organiser, s'il le faut, l'enseignement professionnel et mutuel par voie de conférences ou de cours pratiques faits par des ouvriers choisis dans chaque profession et complétés par des cours théoriques faits par des hommes de science ;

« Enfin fournir aux conseils de prud'hommes les experts, arbitres les plus naturels et les plus compétents, qui puissent suppléer à l'insuffisance numérique des conseillers et à leur incompétence industrielle ; ces experts devraient être rétribués, mais simplement avec des jetons de vacation. »

M. Devinck fut chargé de transmettre au gouvernement le vœu de la commission centrale. Tout en écartant ce qui pouvait paraître chimérique ou exagéré dans l'expression de ce vœu, M. Devinck saisit à merveille ce qu'il renfermait de favorable à l'éducation et à la moralisation de la classe ouvrière, aussi bien que de propice à l'apaisement des conflits dont la loi sur les coalitions avait révélé l'existence. « Les délégations ouvrières déclarent, dit-il dans son rapport à l'empereur, que la création des syndicats serait un moyen d'éviter la grève, véritable plaie de l'industrie, qui frappe les ouvriers encore plus que les patrons.

« Dans leur pensée, lorsqu'une difficulté s'élèverait, il faudrait procéder par voie de conciliation, et la chambre syndicale de la profession se mettrait en rapport avec celle des patrons.

« Les ouvriers ajoutent que ces derniers ont établi des chambres syndicales, et qu'ils désirent jouir des mêmes avantages.

« La demande me paraît fondée ; en voici les motifs :

« Un certain nombre d'ouvriers, mécontents des conditions offertes à la main-d'œuvre, peuvent être entraînés par quelques-uns d'entre eux, qui se disent ou se croient même autorisés à parler au nom de tous. D'un autre côté, ces individus ne sont, à l'égard des patrons, que des représentants insuffisants, n'ayant auprès de leurs camarades qu'une influence relative. De part et d'autre il ne peut y avoir une confiance absolue dans les personnes qui viennent ainsi s'interposer.

« Une chambre syndicale présente des avantages incontestables. Des hommes choisis, comme les plus capables, avant la naissance de la difficulté, agissant ouvertement, tenus de rendre compte de leur mandat, offrent bien plus de garanties que d'autres désignés précipitamment au moment de l'effervescence, se concertant en secret ou n'encourant aucune responsabilité morale.

« Mais si les syndicats peuvent produire de bons effets, c'est à la condition de ne porter aucune atteinte à la liberté, ni à celle du patron ni à celle de l'ouvrier ; c'est une voie facultative à ouvrir, et non pas une obligation à imposer. Chacun doit être libre de contracter directement, avoir la faculté d'entrer dans une chambre syndicale ou de rester en dehors de toute réunion.

« Les syndicats se formeraient, se réglementeraient eux-mêmes comme ils le jugeraient convenable, et probablement les faits qui s'y passeraient auraient une grande analogie avec ceux qui ont eu lieu dans les réunions des délégations de l'Exposition.

« En examinant en commun les procédés qu'on emploie, les inconvénients qu'on rencontre dans leur application ou les avantages qu'on en retire ; en recherchant les moyens de se secourir mutuellement dans les cas de maladie ou d'infirmité, on travaille évidemment au progrès de l'industrie et à l'amélioration de la société.

« Les chambres syndicales peuvent en outre permettre aux ouvriers de propager le savoir pratique qu'ils possèdent, et qui est aujourd'hui retenu dans un cercle trop personnel (1). »

Après l'Exposition universelle, ce travail fut transmis à M. le ministre du commerce. Celui-ci le soumit à une commission consultative composée d'hommes éminents, et y fit, quelques semaines plus tard, dans son rapport à l'empereur, la réponse suivante, avec l'approbation presque unanime des membres de la commission qu'il avait consultée :

« Les vœux exprimés par les délégués au sujet des chambres syndicales ont reçu, dans ces derniers temps, la satisfaction que comporte l'état de la législation, et les règles appliquées aux syndicats de patrons ont été étendues aux syndicats d'ouvriers. Les lois sur la matière remontent à l'époque où l'Assemblée constituante venait d'abolir les corporations et les priviléges dont elles étaient investies. Elles contiennent des dispositions sévères, qui s'expliquent par la nécessité d'empêcher les abus qui s'étaient produits sous l'ancien régime et avaient porté une grave atteinte à la liberté du commerce et de l'industrie. Mais, plus on s'est éloigné de ces abus, plus l'administration a été amenée à montrer de mesure dans l'application de la loi à l'égard des réunions industrielles ou commerciales formées par des fabricants ou des négociants honorables. La loi ne reconnaît encore aujourd'hui d'autres chambres syndicales que celles qui ont pour fonctions de

____

(1) Rapport à l'empereur, p. 6.

régler la discipline de certaines professions spéciales, telles que les professions d'agent de change et de courtier. Elle n'admet, pour représenter officiellement les intérêts commerciaux et industriels, que les chambres de commerce et les chambres consultatives des arts et manufactures. Mais, depuis un certain nombre d'années, la formation de chambres syndicales libres est entrée dans les usages de l'industrie parisienne. Le commerce des vins, les industries qui se rattachent à la construction des maisons et aux entreprises des travaux publics, celles qui ont pour objet la fabrication ou la vente des tissus, ont établi des syndicats d'origine déjà fort ancienne. Le nombre en a beaucoup augmenté depuis plusieurs années, et on en compte aujourd'hui plus de quatre-vingts à Paris.

« L'administration est restée étrangère à la formation et au développement des chambres syndicales ; mais il est arrivé que le tribunal de commerce leur a confié la mission de donner leur avis sur des affaires contentieuses ou de les régler par la voie amiable.

« Les raisons de justice et d'égalité invoquées par les délégations ouvrières pour former à leur tour des réunions analogues à celles des patrons ont paru dignes d'être prises en considération, et, conformément aux intentions de Votre Majesté, des ouvriers de plusieurs professions ont pu se réunir librement et discuter les conditions de leurs syndicats.

« En adoptant les mêmes règles pour les ouvriers que pour les patrons, l'administration n'aura pas à intervenir dans la formation des chambres syndicales. Elle ne serait amenée à les interdire que si, contrairement aux principes posés par l'Assemblée constituante dans la loi du 17 juin 1791, les chambres syndicales venaient à porter atteinte à la liberté du commerce et de l'industrie, ou si elles s'éloignaient de leur but pour devenir, à un degré quelconque, des réunions politiques non autorisées par la loi. Mais les ouvriers seront les premiers à comprendre que leur intérêt même est engagé à maintenir le caractère purement professionnel de leurs réunions (1). »

Quelle réponse plus favorable pouvait-on espérer ? Le gouvernement refusait avec raison le concours de l'administration, qu'on est assez étonné d'ailleurs de voir solliciter dans le rapport de la

_____

(1) Rapport à l'empereur par M. de Forcade, p. 14.

commission ouvrière; il n'avait pas de motifs pour l'accorder aux ouvriers plus qu'aux patrons; mais il consentait à ce que l'expérience de cette institution nouvelle se fît en pleine liberté pour les ouvriers comme pour les patrons, ne réservant les sévérités de la loi qu'aux écarts politiques dont cette expérience pourrait devenir le prétexte. C'était accorder aux ouvriers la liberté d'association dans les mesures où les patrons avaient su la conquérir pacifiquement, et leur permettre de s'en rendre dignes par leur sagesse et leur persévérance. Pourquoi cette mesure n'a-t-elle pas précédé de plusieurs années les lois qui ont si soudainement modifié notre régime économique? Elle en eût été la préface nécessaire; elle en eût prévenu les abus; elle en eût assuré les bienfaits.

§

La commission ouvrière constitua de suite une commission d'initiative chargée de provoquer et de diriger la formation des syndicats ouvriers (mars 1868). Dans une circulaire répandue dans toutes les professions, cette dernière expliqua que la formation des syndicats avait pour but, non de faire revivre les anciennes corporations et d'entraver la liberté individuelle, mais d'organiser la classe ouvrière de manière à lui permettre de discuter utilement ses intérêts avec les chambres des patrons, d'éviter l'expédient désastreux des grèves, de surveiller les apprentis, d'établir l'enseignement professionnel, de fonder enfin toutes les institutions de prévoyance et d'assistance propres à développer le bien-être et la sécurité des ouvriers. « A cette école, dit la circulaire, les ouvriers apprendront à réorganiser le travail, à créer des sociétés coopératives de production, de consommation, de crédit... » C'était, nous l'avons dit, le côté chimérique de l'entreprise. Mais la circulaire était absolument dans le possible et dans le vrai quand elle ajoutait : « Les syndicats ouvriers auront l'immense avantage de développer les connaissances intellectuelles, morales et industrielles des travailleurs, tout en concourant à la garantie amiable des intérêts particuliers et généraux. »

Les ouvriers répondirent à cet appel. En l'espace de deux ans une cinquantaine de chambres syndicales furent établies dans diverses professions. Nous avons pu réunir les statuts de quelques-unes. Ils sont presque tous rédigés sur le même modèle, et reproduisent les dispositions du règlement des cordonniers que nous avons citées ; ce sont les intérêts moraux et matériels de chaque corporation qu'il faut protéger, les différends avec les patrons qu'il faut régler sans recourir à la grève, l'enseignement professionnel, l'assistance mutuelle, la surveillance des apprentis qu'il faut organiser. Pour cela les ouvriers de chaque profession sont convoqués par les soins de quelques-uns d'entre eux, votent un règlement, s'imposent une cotisation et choisissent les membres de la chambre. Ces membres sont toujours rééligibles, et l'association toujours ouverte à ceux qui veulent y entrer comme à ceux qui veulent en sortir. Un certain nombre de ces statuts témoignent encore des illusions et des préjugés ordinaires des ouvriers : « Considérant, disent les selliers, que, malgré les idées de conciliation qui animent les ouvriers en général, ils restent toujours les victimes des exigences du patronat, les adhérents à la chambre syndicale déclarent, en principe, reconnaître l'association de production comme l'unique moyen qui doit les faire triompher dans la revendication de leurs droits... ils introduisent immédiatement dans la société les germes d'une véritable association pour la création d'un *atelier social*. Renonçant ainsi à la grève, qu'ils regardent comme un moyen désastreux au point de vue moral et matériel, ils préfèrent employer leurs forces disponibles à la production... C'est ainsi qu'ils espèrent fermement améliorer leur condition, en attendant que leurs efforts réunis reçoivent leur couronnement de l'extinction du salariat. »

Ce projet d'un atelier social se trouve reproduit dans plusieurs autres corporations, telles que celle des mégissiers. En cas de dissentiment avec les patrons, se retirer dans une sorte d'atelier coopératif et y employer les heures que la grève faisait autrefois perdre au cabaret, c'était assurément une idée bonne et morale, malheureusement difficile à mettre en pratique. Cet atelier, en temps ordinaire, comment aurait-il pu fonctionner ? En temps de grève, comment aurait-il pu contenir tous ceux qui s'y seraient réfugiés, et leur fournir du travail ? Les ouvriers se figurent qu'il suffit de produire pour vendre et gagner sa vie. C'est une erreur capitale : la production n'est qu'un des éléments du commerce ; le trafic en est un autre, pour le moins aussi essentiel. Il eût fait défaut à l'atelier social. Au reste nous ne pensons pas que ce projet ait amais été suivi d'exécution.

Il en est autrement de celui que nous rencontrons dans les statuts des boulangers. « La chambre syndicale, y est-il dit, établira et entretiendra des relations de solidarité avec les sociétés ouvrières des autres corps de métiers, et leur promettra, dans tous les cas, son loyal concours à titre de franche réciprocité (1). » Cela voulait dire qu'il serait utile aux intérêts généraux des ouvriers que leurs syndicats particuliers fussent réunis entre eux par un lien semblable à celui que les patrons avaient formé à l'aide de l'*Union nationale*. Ce projet fut ainsi formulé par des délégués de différentes chambres syndicales dans une réunion du mois d'avril 1869 : « Les chambres de travail peuvent et doivent se réunir pour soutenir plus efficacement leurs intérêts communs ou particuliers. Cette réunion ou *fédération* peut comprendre la totalité des chambres particulières. » C'était la disposition finale d'un projet de loi préparé pour obtenir la reconnaissance légale, sous le nom de chambres du travail, des syndicats ouvriers. On lisait, hélas ! dans le préambule de ce projet : « Il est temps enfin que nous y songions : tant que nous ne nous serons pas soustraits à l'oppression capitaliste, il n'y aura pour nous ni bien-être ni dignité. Tous les hommes ayant des besoins doivent produire, et il n'y aura d'harmonie dans la société que lorsque chacun, pourvu des éléments intellectuels et matériels de production, pourra disposer librement de la totalité de son produit; alors plus de parasites, dont les appétits voraces augmentent sans cesse, sans que jamais nous puissions en combler le gouffre. Les travailleurs n'ont qu'un moyen de s'émanciper, c'est de se former en groupes, par profession ou *autrement*, et d'établir la solidarité entre tous ces groupes en les *fédérant*. Leur interdire cette voie, c'est les soumettre à l'arbitraire. Recommander l'épargne aux travailleurs est une *dérision*, leur salaire étant déjà bien insuffisant pour subvenir à leurs plus pressants besoins. Le salariat, dernière forme de l'esclavage, doit disparaître. La répartition des produits du travail, basée sur l'équivalence des fonctions et la mutualité

---

(1) Une des grandes difficultés qu'on a pour s'entendre avec les ouvriers résulte du jargon que les rhéteurs socialistes leur ont appris et dont certainement ils ne comprennent pas mieux le sens qu'un simple académicien ne pourrait le faire. Comment, par exemple, traduire cette phrase que nous avons rencontrée dans un des procès-verbaux de la commission ouvrière : « Dans les rapports d'ouvriers à patrons, la *solidarité* doit de même s'établir. La *collectivité* doit avoir à cœur les intérêts de l'*individualité*; par respect pour la *dignité*, l'orateur voudrait voir pousser la *réciprocité* des efforts jusqu'à la *fédéralisation*. »

des services, amènera la justice dans les rapports sociaux. Au nom de notre dignité, nous repoussons toute protection de quelque part qu'elle nous soit proposée; au nom de la liberté, nous refusons de nous soumettre à une demande quelconque d'autorisation, alors qu'il s'agit de l'exercice d'un droit naturel... Les chambres syndicales, constituées déjà en grand nombre, prouvent clairement que nous sentons la nécessité de nous unir pour résister efficacement dans la GUERRE du capital contre le travail. »

Ceci était une pure calomnie. Les chambres syndicales n'avaient pas été créées pour la guerre, mais pour la paix; elles s'étaient proposé d'instruire, de relever, d'organiser la classe ouvrière, de lui donner plus de moralité, plus de bien-être, plus de sécurité, sans jeter le trouble dans l'industrie et dans les relations sociales. Telle avait été la pensée de ceux qui les avaient établies et de ceux qui les avaient autorisées. Mais il leur arrivait ce malheur qui tant de fois déjà avait accablé les causes les plus justes : la politique dénaturait encore la question ouvrière ! Elle y pénétrait grâce aux efforts de la Société internationale, détournée de son but et passée aux mains des disciples de Blanqui; grâce surtout à la promulgation de cette déplorable loi sur les réunions, qui, sans reconnaître le droit d'association, concédait celui de s'assembler au hasard et sans garanties pour l'ordre public. On vit aussitôt s'élancer sur de misérables tréteaux cette foule de galopins, fruits secs de la bourgeoisie, dont le 4 septembre allait bientôt faire des grands hommes et le 18 mars des transportés. C'était toujours la même chose : on voulait toujours exploiter le peuple, et, sans se préoccuper de ses intérêts légitimes, le pousser à la révolte en exaspérant ses préjugés et ses convoitises.

A partir de ce moment il fut aisé de voir que l'expérience des chambres syndicales ouvrières ne réussirait pas. Toutefois, malgré l'affiliation de quelques-uns de leurs membres à l'Internationale et au comité de la place de la Corderie, celles qui s'étaient formées ne se mêlèrent pas aux troubles politiques. C'est surtout à leur intervention qu'on doit attribuer l'attitude pacifique du faubourg Saint-Antoine. Mais elles cessèrent de se multiplier, car la pensée des ouvriers était ailleurs, puis elles s'effacèrent ; la guerre vint, et la Commune. Le travail fut interrompu ; les adhérents cessèrent d'apporter leurs cotisations, les syndics de se réunir. Là, comme ailleurs, la vie parut arrêtée.

§

Elle n'était que suspendue, et nous savons combien la renaissance fut prompte après nos désastres. Cela rendit courage aux plus désespérés. Il est impossible, pensait-on, qu'un peuple, avec tant de souplesse et de ressources, puisse choir en un jour du haut rang qu'il occupe, et s'abîmer dans la décadence. Vienne la paix intérieure, vienne l'ordre, vienne le calme : les malheurs présents s'effaceront comme de mauvais rêves.

Le calme vint, sans la sécurité.

Les ouvriers se remirent au travail, la tête encore échauffée de l'orgie révolutionnaire, les mains noires de poudre, le cœur gros de rancune. De nouveaux désordres étaient à craindre, sous prétexte de salaires. Cependant il n'en fut rien. Sauf dans le département du Nord, où le voisinage de la Belgique amena quelques troubles promptement réprimés, nulle part on ne vit se produire de grève sérieuse.

Sans être convertis aux idées conservatrices, les ouvriers n'avaient pas oublié l'expérience des dernières années. Ils savaient ce que leur avaient coûté les grèves; ils commençaient même à désespérer des sociétés coopératives et des autres expédients sur lesquels ils se faisaient naguère tant d'illusions. Etait-ce progrès, était-ce indifférence, ou bien conviction que la force brutale pourrait seule leur donner les biens que le socialisme leur promettait, et que, dans les circonstances actuelles, le mieux était de se taire et d'attendre? Ce dernier sentiment dominait les ouvriers; il les domine encore : il serait vraiment puéril de le dissimuler. Mais il serait également injuste de méconnaître le bien qui s'est accompli dans certains esprits, et tout à fait indigne de cœurs généreux, confiants dans la Providence, de ne pas compter que ce bien se propagera et finira par l'emporter sur le mal qui règne aujourd'hui.

En effet, de toutes les idées de réforme qui avaient cours avant la guerre, la seule qui se soit conservée, la seule qui se soit de nouveau répandue, c'est l'idée des syndicats ouvriers. Un certain nombre d'anciens syndicats se sont reformés; d'autres ont été tout récemment établis, et tous semblent s'être dégagés de ce qu'il y avait de chimérique dans les *aspirations sociales* des délégués à l'exposition de 1867. Ils ont renoncé pour la plupart aux sociétés coopératives; ils se bornent aux institutions de patronage, d'éducation, d'assistance pour lesquels ils ont une aptitude suffisante. Leur principal objet est aujourd'hui d'arriver à une entente amiable avec les patrons sur les questions de salaire, de remplacer la grève par l'arbitrage.

A l'heure actuelle, il existe à Paris environ cinquante de ces associations. Sur ce nombre, il est vrai, à peine une vingtaine fonctionnent avec régularité. Les autres sont en voie de formation, ou bien, au contraire, en train de se dissoudre. Les ouvriers qui les composent et qui les dirigent forment assurément l'élite de la classe ouvrière : ce sont ceux qui n'appartienent à aucune société secrète et qui demandent sur toute chose que la paix publique ne soit plus troublée. Mais ils sont peu nombreux, leur influence n'est pas considérable, et les difficultés qu'ils rencontrent sont grandes.

Leurs camarades craignent de se grouper autour d'eux. Ils ont peur que leur adhésion ne les signale à l'attention des agents du gouvernement; ils savent que la préfecture de police ne voit pas d'un œil très-favorable les tentatives qui sont faites pour relever les syndicats ouvriers.

Les hésitations de l'administration sont assurément fort compréhensibles. Les sociétés ouvrières, autres que les syndicats, ont pris aux troubles civils une part si considérable qu'on ne saurait se plaindre de trop de vigilance de la part de fonctionnaires sur qui pèse une si lourde responsabilité.

Il faut d'autant plus admettre cette vigilance, qu'elle ne dégénère pas en hostilité. Sans doute, dans les circonstances actuelles, l'administration n'est pas propice aux syndicats ouvriers; mais elle ne les interdit pas. Sa tolérance ne cesserait que s'ils devenaient véritablement un danger pour l'ordre public.

La seule chose qu'elle ait cru devoir empêcher au mois de novembre dernier a été le groupement des différents syndicats ouvriers autour d'un comité central qu'on voulait établir sous le nom de *cercle de l'Union syndicale ouvrière*. Elle a craint qu'une pensée politique ne guidât les fondateurs de cette union, et qu'ils ne tendissent la main à l'Internationale.

Il serait extrêmement regrettable que cette interdiction fût éludée, ainsi qu'on semble vouloir le faire par la formation d'une société soi-disant commerciale, qui ne serait qu'un comité directeur; d'abord parce que nous sommes à une époque où les

honnêtes gens doivent plus que jamais donner l'exemple du respect de la loi et des magistrats qui l'appliquent ; ensuite parce que
la cause de la liberté d'association est si importante qu'il faut se
garder de la compromettre par des démarches imprudentes. Que
la politique cesse donc d'être l'écueil où viennent se briser les
sociétés ouvrières ; qu'elle reste étrangère à des institutions qui
ne doivent se proposer autre chose qu'une réforme économique,
accomplie en paix et suivant la loi, rétablissant sur le marché du
travail l'équilibre qui peut assurer le bien-être des ouvriers et leur
bon accord avec les patrons.

Nous savons que tel est le désir des plus importantes des associations syndicales qui se sont formées dans ces derniers temps.
C'est ainsi que la chambre des tapissiers a déclaré « qu'elle voulait être le trait d'union entre les ouvriers et les patrons, » et
qu'elle s'est associée à la chambre des patrons pour le patronage
des apprentis (1) ; que celle des bijoutiers, à peine constituée, s'est
mise en rapport avec les patrons et leur a fait connaître par une
lettre son existence, manifestant « l'intention de voir naître des
rapports réciproques de bienveillance et de conciliation dans
toutes les questions qui demanderont le concours commun des
deux chambres », et qu'elle s'est empressée d'arrêter à son début
une grève menaçant la corporation.

C'est en suivant de tels exemples que les chambres syndicales
ouvrières pourront exercer autour d'elles une influence prépon-
dérante et salutaire, qu'elles persuaderont au gouvernement
que, loin d'être dangereuses pour l'ordre public, elles doivent
puissamment concourir à la pacification des esprits.

CHAPITRE V.

CONCLUSION. — CE QU'ON PEUT ATTENDRE DES ASSOCIATIONS
SYNDICALES. — EXEMPLE DE L'ANGLETERRE.

En résumant ce trop long exposé, nous voyons que, depuis
1791, les ouvriers ont été privés du droit de s'associer tant par les
lois de la révolution que par celles qui les ont suivies ; que de cet

(1) Comptes rendus de la chambre syndicale des tapissiers, 1er janvier 1873.

état d'isolement est résulté pour eux, d'une part, l'impossibilité de discuter librement, sur le marché national, la valeur réelle de leur travail, et la nécessité de subir les conditions déterminées par les patrons, soumis eux-mêmes à la loi de la concurrence; — d'autre part, la tentation constante de former entre eux des sociétés plus ou moins licites et de se livrer aux sociétés secrètes; que c'est dans ces sociétés funestes qu'ils ont été pervertis par les doctrines socialistes et qu'ils ont puisé ces sentiments de haine qui les soulèvent sans intérêt et sans justice contre la société; que, vers 1862, ils ont, il est vrai, reçu des mains imprudentes du gouvernement le droit de se coaliser, celui de former des sociétés coopératives, enfin celui de se réunir; mais que, privés toujours du droit de s'associer, sans lequel ceux qui leur étaient accordés ne pouvaient être qu'inutiles ou dangereux, ils ont tout d'abord étrangement abusé des concessions qu'on leur avait faites; qu'ils se sont abandonnés à la direction des malfaiteurs politiques, dont l'unique dessein était de troubler la paix publique à l'aide des grèves; qu'ils ont été les premiers à souffrir de cette agitation déplorable; qu'ils ont alors voulu, instruits par l'expérience et l'exemple de leurs patrons, établir dans chaque corporation des associations syndicales destinées à défendre leurs intérêts communs et à les prémunir contre les dangers auxquels les exposaient sans cesse leur ignorance et leur penchant à la révolte; que cette pensée, favorablement accueillie par le gouvernement, qui leur promit une tolérance égale à celle qu'il avait pour les patrons, commençait à se répandre et à porter ses fruits en leur assurant les bienfaits de la véritable association, lorsque sont arrivés les troubles de 1870, la guerre et la Commune, pour les rejeter dans la politique et leur faire sacrifier les résultats de leurs précédents efforts; qu'enfin aujourd'hui même ils voient les meilleurs d'entre eux, les plus intelligents, chercher à recommencer l'expérience des chambres syndicales, mais qu'ils ne leur prêtent plus qu'une attention médiocre et qu'ils compromettent leur succès par une attitude bien faite pour tenir en éveil la vigilance très-légitime de l'administration.

D'un autre côté, voici ce que nous avons reconnu : tandis que les ouvriers étaient constamment privés du droit de s'associer, les patrons reprenaient peu à peu le libre exercice de ce même droit. La loi d'abord, la coutume ensuite, puis les nécessités mêmes de l'industrie, enfin la tolérance éclairée du gouvernement, les laissaient libres de constituer toutes les associations dont ils reconnaissaient l'utilité, soit pour l'intérêt général du commerce et de l'industrie, soit pour la bonne administration de la justice consulaire, soit pour l'avantage particulier de chaque corporation. A ce dernier point de vue ils ont formé, principalement à Paris, de nombreux syndicats, réunis par des comités généraux, et mis en relation directe avec les chambres de commerce, avec les tribunaux, même avec l'administration supérieure. Ils se sont rendus dignes de la confiance qu'ils ont obtenue en ne se détournant jamais du but économique en vue duquel ils se sont réunis. Aujourd'hui peut-être on peut leur reprocher de se laisser éblouir par leur succès, d'entretenir certaines visées démontrant que les hommes sages ne doivent jamais sortir du cercle tracé par leurs aptitudes; mais, en somme, ils rendent de grands services et ne méritent aucun blâme.

Telle est donc la situation : pour les ouvriers, certaines libertés dangereuses, exorbitantes, beaucoup plus funestes qu'utiles ; mais pas de droit d'association, sinon par une tolérance si précaire et si limitée qu'ils ne sauraient encore en tirer de grands avantages ; pour les patrons, au contraire, le droit d'association dans sa plénitude, produisant des résultats excellents, devenu un des éléments principaux du régime industriel. Comme conséquence de ce contraste, le commerce du travail gêné dans son essor, puisque vendeurs et acheteurs sont placés dans des conditions parfaitement inégales ; d'où cet état de malaise et d'antagonisme où se trouvent les divers agents de la production nationale, au grand péril de la société tout entière.

Cette situation est telle, elle est si tendue depuis quelques années, qu'il est bien évident qu'il en faut sortir. Le *statu quo* ne peut être prolongé. Quand nous le voudrions, nous n'y parviendrions pas. Notre résistance ne ferait qu'amener une crise violente, insensée, mais inévitable. Redoutons cette extrémité, et, par crainte d'une réforme, ne nous jetons pas encore une fois dans une révolution. Nous sommes le pays du monde où les révolutions sont le plus aisées et les réformes le plus difficiles ; cela d'ailleurs est logique, car les révolutions ne sont jamais amenées que par le défaut de réformes.

Ne pouvant rester en place, nous devons donc aller en arrière ou en avant.

Aller en arrière, ce serait retirer aux patrons la liberté dont ils jouissent, afin qu'ils n'abusent pas de leurs avantages. C'est la pensée des socialistes, qui veulent organiser le travail à l'aide de l'État, supprimer la concurrence, c'est-à-dire la liberté commerciale, et, par suite, supprimer les patrons eux-mêmes. Sans aller jusqu'où vont les socialistes, certains conservateurs inquiets s'en tiennent à la loi de 1791 ; ils contestent les bienfaits de l'association, ils signalent ses périls, et, ne voulant pas l'accorder aux ouvriers, ils sont tout disposés à la refuser aux patrons. Ce système, à quelque degré qu'on en soit partisan, a pour principal inconvénient d'être absolument inapplicable. Priver l'industrie française du droit d'association, ce serait la mettre vis-à-vis de l'industrie du monde entier dans une situation tellement anormale, tellement inférieure, qu'on l'exposerait à la ruine la plus certaine. C'est l'évidence même, et nous n'insistons pas.

Alors il faut bien marcher en avant, et marcher en avant, c'est donner le droit d'association aux ouvriers comme aux patrons, afin de rétablir l'égalité, non pas dans la prohibition, mais dans la liberté.

Mais entendons-nous bien : le droit d'association, un droit purement économique, soumis au contrôle de la loi commune, sans danger pour la paix publique, tel que le définissaient MM. de Forcade et Devinck, dans les rapports que nous avons cités.

§

Nous savons que notre pensée soulève de très-graves objections. C'est pour les examiner, pour les discuter et pour les écarter, si toutefois la chose est possible, que nous avons appelé sur ce sujet important et délicat les méditations de la Société d'économie charitable.

On nous oppose d'abord les principes de la liberté commerciale. Sans doute, nous dit-on, vous ne demandez pas le rétablissement des anciennes corporations fermées et privilégiées, mais vous y arriverez sans le vouloir. Quelle sera la situation d'un ouvrier qui tentera de rester indépendant et de ne faire partie d'aucune association syndicale ? S'il n'accepte pas la loi commune, si, par exemple, ses aptitudes particulières, le peu de besoins qu'il aura, lui permettent de vendre son travail à meilleur marché que ses confrères, ne sera-t-il pas de suite en butte à la malveillance et aux mauvais traitements de ces derniers? Ceux-ci le mettront, comme on dit, *à l'index*, et lui rendront la vie impossible. On en a vu de douloureux exemples dans l'histoire des coalitions, tant en France qu'à l'étranger.

Nous répondons que cette mise à l'index d'un ouvrier se produira toujours sous le régime bâtard qui nous est imposé, c'est-à-dire sous le régime de la coalition pure où tout est livré à la violence et rien à la justice, mais qu'il ne se produira pas sous le régime des associations syndicales : d'abord, parce que les chambres syndicales auront principalement pour résultat de rendre la violence inutile et de protéger les faibles; en second lieu, parce que, le nombre des syndicats n'étant pas limité, il s'en formera nécessairement plusieurs dans chaque profession, et que la concurrence n'empêchera aucun d'eux d'usurper une autorité despotique; en troisième lieu, parce que les ouvriers eux-mêmes, améliorés par la discipline et la surveillance mutuelle qu'ils auront organisées, finiront par devenir tout aussi raisonnables, tout aussi humains que leurs patrons : —il est constant que chez ces derniers l'établissement des syndicats, loin d'engendrer des divisions et des haines, a fait disparaître bien des causes de jalousie et de rivalité, qu'aucun industriel n'a été persécuté jusqu'à présent pour être resté étranger au mouvement syndical; — enfin, parce que la loi commune ne sera pas désarmée et qu'elle sera suffisante pour protéger les individus que la violence voudrait atteindre; si le cas se produisait, ce serait aux tribunaux à déployer une juste sévérité.

On nous dit ensuite qu'il y a dans l'industrie, comme dans une armée, une hiérarchie nécessaire; que les patrons sont les guides et les chefs, et qu'ils ne peuvent, sans péril pour tous, être soumis à leurs ouvriers, qui sont les soldats. Il faut que ces derniers, dans leur intérêt même, acceptent une subordination légitime; ils n'ont pas à s'en plaindre, puisque chacun d'eux peut devenir à son tour un chef, un patron; puisque la plupart des patrons ont été eux-mêmes des ouvriers, et qu'ils ne se sont élevés que grâce à cet esprit de discipline et d'ordre qu'ils demandent à leur tour à leurs ouvriers. Pour améliorer la condition de ces derniers, ils sont prêts à de nouveaux sacrifices; mais ils refusent absolument d'abdiquer une autorité qu'ils jugent indispensable.

La hiérarchie existe dans la société et dans chacune des classes de la société. Cela est de toute justice et de toute nécessité. Oui, en dépit des sophismes et des révolutions, il y aura toujours entre les hommes une hiérarchie basée sur la vertu, le mérite, l'éducation, la fortune, la naissance même. Ainsi l'homme instruit, intelligent, ayant des ressources, capable, en un mot, d'être patron, aura toujours sur les ouvriers plus ou moins grossiers qu'il emploiera, une autorité morale et effective qui s'imposerait même au milieu des associations coopératives.

Mais est-ce qu'il y a une hiérarchie dans le prétoire de la justice? Si vous rencontrez un homme illustre et considérable, vous le saluez; si vous lui faites un procès, vous l'assignez avec tout autant d'irrévérence que le premier goujat venu : « *A la requête d'un tel... soit sommé un tel d'avoir à comparaître.* »

Est-ce qu'il y a une hiérarchie sur le marché industriel? Cet homme illustre et considérable que vous saluez, achetez-lui quelques denrées, les laines de ses troupeaux, par exemple, et vous traiterez avec lui comme avec le plus humble de ses fermiers. Si, au lieu de laine, vous achetez le travail, pourquoi donc voulez-vous qu'il en soit autrement, et que vous, patron acheteur, vous ayez une supériorité quelconque sur votre vendeur, l'ouvrier? Est-ce que cela détruit la supériorité de votre situation sociale? Est-ce que vous ne gardez pas la direction de vos entreprises? Est-ce que vous ne restez pas le maître d'employer à votre gré le travail que vous avez acheté à l'ouvrier, comme la laine que vous avez achetée au grand seigneur? Il ne s'agit que d'une chose : permettre à l'ouvrier de discuter librement la valeur de sa marchandise, lui enlever tout prétexte à mécontentement, et faire qu'il n'ait pas plus de haine contre son patron qui lui payera son travail au cours réel, que le producteur de laine n'en a contre celui auquel il a vendu sa laine.

Etablir une hiérarchie sur le marché du travail, ce serait de l'arbitraire, comme ce serait de l'injustice devant un tribunal.

Mais, poursuit-on, les associations syndicales ne serviront pas à déterminer le prix du travail, elles ne serviront qu'à en exagérer la valeur, à en préparer la disette à l'aide des grèves. — Exagérer la valeur d'une marchandise sur un marché libre, où l'accès est pareil pour les acheteurs et pour les vendeurs, nous semble une proposition condamnée par la science et par l'expérience. Les producteurs de laine auront beau se réunir en syndicats, parviendront-ils jamais à vendre leur laine sur le marché français plus cher qu'elle ne vaudrait sur le marché général? Ce ne seraient pas leurs syndicats qui leur permettraient d'atteindre un tel résultat, ce serait le système protecteur, c'est-à-dire le droit de ne laisser arriver sur le marché français, fermé par la douane, aucune laine de provenance étrangère. De même pour les ouvriers : sur un marché libre, c'est-à-dire sur un marché qui serait ouvert à la concurrence, aucun syndicat ne pourrait produire une hausse anormale sur la valeur du travail; les ouvriers n'y parviendraient qu'en fermant le marché du travail et en y produisant, à l'aide de la grève, une disette artificielle. Mais ce serait le résultat de la coalition et non du syndicat. Il est vrai qu'on affirme que le syndicat facilitera la grève en la préparant et en la dirigeant, comme les *trade unions*. La loi de 1864 suffit à ce résultat; jusqu'à présent, elle n'y a point failli. Or la grève n'est-elle pas plus dangereuse lorsqu'elle se produit au hasard, sur l'impulsion de quelques mauvais sujets, d'ouvriers turbulents et de meneurs politiques, que si elle est la conséquence d'une résolution réfléchie et annoncée d'avance? D'ailleurs on a vu bien des grèves éclater, sans qu'aucune puisse être attribuée à l'influence d'une des chambres syndicales formées depuis 1867. Pour éviter la grève, il serait beaucoup plus simple de rapporter la loi de 1864. Qui l'oserait?

Enfin, et voici l'objection capitale, il semble que nous nous flattions d'une espérance chimérique en pensant que les ouvriers n'abuseront pas du droit d'association pour satisfaire leurs passions révolutionnaires. Beaucoup d'hommes éclairés, bienveillants et libéraux redoutent de leur donner une organisation qui puisse servir de cadre à des sociétés comme l'Internationale. Ils invoquent l'expérience des dernières années et nous montrent l'influence exercée par cette société et par celles qui gravitaient autour d'elle. Ils nous rappellent les extravagances qui ont signalé les derniers temps de l'Empire et l'étrange abus qu'on a fait des libertés qu'il avait concédées. Tout cela est très-vrai, mais en dehors de la question. On confond des choses qui ne doivent pas être confondues, le droit d'association, par exemple, avec le droit de réunion. A part certaines circonstances, telles que les élections, où le droit de réunion peut être nécessaire, il est en général aussi dangereux qu'inutile. Rassemblant au hasard des gens qui se rejoignent par oisiveté, et pour le plaisir d'entendre ou de faire du tapage, une réunion publique ne sert qu'à mettre en avant certaines individualités suspectes et à troubler le bon ordre. Elle dégénère facilement en *club*, et nous savons tout le mal que, depuis notre première révolution, le club a fait à notre pays. L'association, au contraire, n'échappe pas au contrôle de l'autorité; elle ne fait pas appel au public; elle ne rassemble que des personnes déterminées, toujours les mêmes, ayant des intérêts communs et se réunissant dans un but indiqué par leur acte de société. Malheureusement en France on met au compte de l'association tous les méfaits de la réunion, et c'est ainsi qu'on excite les honnêtes gens contre un droit qui tient à la nature même de l'homme et dont tous les peuples, à commencer par nos pères, ont constamment usé. On confond encore l'association, telle que nous venons de la définir, avec la société secrète. Nous avons dit notre pensée sur les sociétés secrètes, et nous les avons accusées d'avoir perverti le sens moral des ouvriers. Rien n'est plus vrai. Ce sont elles qui ont fait toutes nos révolutions, toutes nos émeutes, tous nos crimes politiques, de 1830 à 1871. Mais quelle est la cause de leur existence et le principe de leur autorité? C'est uniquement l'absence du droit d'association. Les ouvriers ne se sont jetés dans les sociétés secrètes que parce qu'ils ont été privés du droit de s'associer. Il faut qu'ils se réunissent; c'est dans leur nature, c'est dans leurs besoins; tant qu'ils ne pourront le faire légalement, ils le feront clandestinement, au grand péril de tous. C'est à choisir : la société secrète ou l'association.

Mais voyons, de bonne foi, quelle a donc été l'utilité des lois prohibitives de l'association? Quelles sociétés secrètes, dangereuses, criminelles ont-elles retenues? Quelle révolution ont-elles arrêtée? Quelle sécurité ont-elles procurée? Elles n'ont servi qu'à empêcher les honnêtes gens de se réunir pour le bien, sans jamais empêcher les méchants de se réunir pour le mal.

Et dans la courte expérience que nous venons de faire des associations syndicales, n'a-t-on pas acquis la preuve du peu de dangers que celles-ci présentent? Le signal de tous les désordres est parti des réunions publiques; ceux qu'on a trouvés mêlés à tous les troubles, ce sont les agents de l'Internationale dégénérée et des sociétés purement politiques dirigées par les jacobins et les *blanquistes*, appartenant pour la plupart à la classe bourgeoise et fruits secs des professions libérales. Un moment, en 1870, sous

l'influence des meneurs révolutionnaires, les chambres de résistance, *et non les chambres syndicales,* ont essayé de former une
fédération à l'aide de délégués réunis place de la Corderie; les
agents de l'Internationale ont tenté de les entraîner; quelques-
unes se sont laissées affilier, mais aucune n'a pris part au mouvement révolutionnaire. « Cette fédération d'ouvriers, dit M. Héligon dans l'enquête du 18 mars, n'a jamais pris part à ce qui
s'est passé; quelques-uns seulement de ses membres se sont jetés
dans le mouvement. Lorsque les ouvriers sont seuls, il ne s'agit
entre eux que des affaires du métier. » Quant aux chambres syndicales proprement dites, elles se sont toujours abstenues. La sta-
tistique a confirmé cette appréciation : un nombre extrêmement
restreint de membres des chambres syndicales a été compris
dans les poursuites commencées après l'insurrection du 18 mars.
Presque tous les anciens délégués à la commission ouvrière de
1867 faisaient partie de ces chambres : sur quatre cents, quatorze
seulement se sont trouvés compromis. Les meneurs qui soulèvent
les ouvriers pour les grèves et les émeutes, sont toujours de mauvais sujets, paresseux, violents et débauchés. Les ouvriers savent
bien les reconnaître, et quand ils ont à désigner quelques délégués pour des fonctions régulières et permanentes, ils ne manquent
pas de les écarter et de porter leur choix sur les plus honnêtes et
les plus habiles. A de très-rares exceptions près, leur délégation
de 1867 était composée de fort honnêtes gens, capables « de dire
de grosses bêtises, » d'après M. Héligon, mais incapables de mal
faire. Malheureusement dans les temps de révolution l'influence
de ces gens-là disparaît. C'est ce qui est arrivé en 1870, quand
tous les étudiants réfractaires, tous les rédacteurs de petits journaux, tous les piliers d'estaminet et coureurs de barrières ont fait
irruption dans les réunions publiques.

Loin d'être dangereuses pour l'ordre, les associations syndicales devraient, croyons-nous en nous reportant à l'expérience
acquise, contenir et peut-être même étouffer l'élément révolutionnaire.

Nous ne sommes donc pas arrêtés par les objections qui nous
sont faites; peut-être une étude plus approfondie modifiera-t-elle
notre sentiment, car nous n'avons aucun parti pris et nous ne
cherchons que la vérité. Mais, quant à présent, nous ne pensons
pas que l'existence des sociétés syndicales puisse porter préjudice
ni à la liberté de l'industrie, ni au bon ordre des affaires, ni à la

sécurité de l'État; notre raison nous rassure, et, de plus, nous pouvons invoquer l'expérience faite de nos jours, sous nos yeux, dans un grand pays voisin, en Angleterre.

§

Autre illusion, nous dit-on! Est-ce qu'il est possible de mettre en parallèle les ouvriers français et les ouvriers anglais?

Certainement, et même avec cette réserve que les ouvriers anglais sont bien plus mauvais que les ouvriers français. Nous savons de quoi ces derniers sont capables quand la fureur les entraîne. Mais, si violents et si pervertis qu'ils soient, jamais on ne les a vus, jamais on ne les verra commettre des horreurs pareilles à celles que les ouvriers anglais ont commises à Sheffield, à Manchester et ailleurs, sur la personne même de leurs camarades.

Ainsi, qu'on veuille bien nous faire grâce de toutes les réflexions ordinaires sur la différence des races, sur le caractère des Anglais qui honorent d'une façon particulière leur gouvernement, ce qui ne les a pas empêchés d'assassiner Charles Ier et de chasser Jacques II, cent cinquante ans avant Louis XVI et Charles X. Ils défendent leur gouvernement parce qu'ils savent qu'ils ont intérêt à le faire; le jour où les ouvriers français auront cette même conviction, ils défendront également le leur; mais, en attendant, ils valent encore mieux que leurs bons voisins d'Angleterre qui s'enivrent avec du *gin* et font sauter les maisons de ceux qui leur déplaisent.

Or l'Angleterre a subi la crise économique que nous traversons nous-mêmes en ce moment et qui menace de devenir une crise sociale; elle a connu comme nous les coalitions, les grèves, les sociétés de résistance ou *trade unions* uniquement organisées pour la guerre du travail contre le capital; elle les connaît encore; elle voit de temps à autre, dans ses principales industries, des conflits qui dégénèrent en luttes violentes; elle en souffre et parfois même elle en est épouvantée.

Il y a quelques années, à la suite des grèves de Sheffield, le gouvernement a cru devoir provoquer une enquête parlementaire pour examiner s'il n'y aurait pas lieu d'adopter quelque mesure de salut public afin de prévenir le retour des abominables excès dont les ouvriers s'étaient rendus coupables.

La conclusion de cette enquête a été que le meilleur et même le seul moyen d'assurer la paix publique était de respecter la liberté d'association et de reconnaître une existence légale aux sociétés ouvrières, qui couvrent aujourd'hui le sol de l'Angleterre.

Voici, en effet, ce qui s'était passé. Les ouvriers formaient des sociétés de résistance, ou *trade unions*. Obéissant au mot d'ordre qui leur était donné par ces sociétés, ils se mettaient en grève en temps opportun, c'est-à-dire quand ils voyaient les commandes abonder dans une fabrique; ils demandaient alors au patron une augmentation exorbitante et, en cas de refus, ils désertaient en masse ses ateliers. Tant que le patron n'avait pas cédé, les ouvriers des autres fabriques subvenaient aux besoins des grévistes. Et d'une fabrique on passait à une autre, à la façon d'Horace combattant séparément chacun de ses adversaires.

Au bout d'un certain temps les patrons comprirent la manœuvre et ne se laissèrent plus diviser. Un atelier venait-il à être abandonné, tous les autres étaient fermés d'un commun accord et ne se rouvraient qu'en même temps que l'atelier mis à l'*index*. C'est ce qu'on appelait le *lock out*. Les ouvriers ne pouvaient plus se soutenir réciproquement; ils étaient réduits à vivre de leur épargne. La victoire devait rester aux mieux armés, c'est-à-dire aux plus riches; mais la lutte était désastreuse pour tous.

Tous le reconnurent, et cherchèrent, pour régler leurs différends, d'autres moyens plus efficaces et moins ruineux. Ils eurent d'abord recours à l'arbitrage simple, c'est-à-dire à la décision d'un arbitre pris pour juge de chaque difficulté soulevée, à mesure qu'elle se présentait. Et ce ne fut pas à des tribunaux composés de patrons et d'ouvriers qu'ils donnèrent leur confiance : ils craignirent que de tels arbitres ne fussent à la fois juges et parties. Ils en appelèrent à des hommes placés par leur condition sociale dans une situation d'esprit parfaitement indépendante. Un des membres de la Chambre des Lords a été plusieurs fois pris pour juge de leurs différends, et ses décisions ont été toujours respectées.

Ne pourrait-on faire la même chose en France et ne l'a-t-on pas fait? Cela s'est présenté plusieurs fois, et tout récemment encore dans la corporation des bijoutiers. Nous avons parlé plus haut de la sentence rendue, qui avait prévenu la grève, et nous avons indiqué qu'elle l'avait été par une commission composée de patrons et d'ouvriers. Pourquoi ce moyen d'apaisement ne passerait-il pas dans nos mœurs? C'est aujourd'hui le vœu de toutes les chambres syndicales.

Mais les Anglais ont été plus loin. Ils ont pensé qu'il serait préférable de ne pas attendre que les difficultés fussent nées, et ils se sont entendus, dans certaines professions, pour arrêter à l'avance des tarifs votés pour un certain temps, obligatoires pour ceux qui les auraient acceptés. Deux industriels, membres du parlement, MM. Kettle et Mundella, ont eu l'initiative de cette mesure, dont l'excellence est aujourd'hui confirmée par l'expérience de plusieurs années. Les résultats ont été si satisfaisants, qu'un bill récent vient de reconnaître une existence légale aux comités constitués pour fixer les tarifs et de donner à leurs décisions l'autorité de la chose jugée.

Eh bien! en France, ce procédé n'est pas non plus inconnu. Il est, croyons-nous, pratiqué dans l'industrie du papier; chaque année les patrons et les ouvriers arrêtent d'un commun accord les mises à prix pour l'année suivante, et préviennent ainsi toute espèce de conflits. Seulement leurs décisions n'ont encore qu'une autorité morale. — Nous voyons donc que les Anglais n'ont pas un esprit supérieur et d'une autre trempe que le nôtre. Nous pouvons faire ce qu'ils font, et nos chambres syndicales auront toute la compétence nécessaire pour appliquer leurs idées. Elles établiront entre les patrons et les ouvriers des rapports permanents et réguliers; elles les réuniront pour la gestion de leurs intérêts communs, comme les tapissiers l'ont fait cette année pour le patronage des apprentis confié par eux à une commission mixte de patrons et d'ouvriers; comme les bijoutiers le font pour le service des retraites qu'ils sont en train d'organiser de manière à assurer à chaque ouvrier, après trente années, une rente de 1146 fr. par an en capital aliéné, ou de 804 fr. avec un capital réservé de 5,382 fr. Ce sont là des faits qui se passent en France, qui n'ont rien de contraire à notre caractère national; de telle sorte que, rapprochées par leurs intérêts communs, les chambres auront un jour assez d'influence pour prévenir les difficultés relatives au salaire.

Mais les Anglais ont fait mieux encore. Ils ont compris que si l'arbitrage général ou particulier pouvait être un moyen excellent de prévenir ou de concilier les différends, il ne suffisait pas encore pour paralyser la cause même de ces différends, c'est-à-dire pour déterminer d'une manière absolue le prix réel du travail.

Cette détermination ne peut résulter, pour le travail comme pour toute autre marchandise, que du jeu naturel de la loi de l'offre et de la demande sur un marché libre; en d'autres termes, la sagesse humaine est impuissante à résoudre un problème purement économique. Les Anglais ont compris que l'ouvrier isolé ne pourrait jamais discuter d'égal à égal avec son patron les conditions du contrat; qu'il n'aurait ni les renseignements nécessaires, ni la possibilité d'attendre, pour livrer son travail, que l'offre n'en fût pas trop abondante, ni la facilité de se transporter sur une autre place, où l'offre étant plus restreinte, le prix serait plus rémunérateur. L'ouvrier isolé ne sait rien; il vit au jour le jour; il a besoin de vendre son travail et il le vend à tout prix, sauf à se refuser à l'exécution du marché quand il en trouve l'occasion. De là les conflits, les coalitions, les grèves. Les Anglais ont imaginé d'utiliser les associations ouvrières pour débattre avec les patrons les conditions de la vente du travail, et permettre à l'ouvrier d'en obtenir un prix toujours égal à sa valeur réelle. Ainsi, dans certains comtés, un entrepreneur qui veut construire une maison, n'embauche pas directement des ouvriers : il s'adresse à l'Union et lui dit : J'ai besoin de tant d'ouvriers pendant tant de mois; à quel prix pouvez-vous me les fournir? L'Union discute; si elle manque d'ouvriers, elle en fait venir de places éloignées; elle les fournit au prix convenu, et elle est toujours responsable de l'exécution du contrat. Elle devient, en un mot, non pas un intermédiaire proprement dit entre le patron et l'ouvrier, mais une sorte de société coopérative de marchandage, qui rend au commerce du travail les mêmes services que chez nous les marchands de grains rendent au commerce des grains : elle prévient soit l'avilissement, soit la hausse exagérée des cours, et par là même rend la disette impossible.

Un des préjugés actuels de la classe ouvrière est de condamner les intermédiaires; elle a contre eux les préventions qu'on avait à la fin du XVIIIᵉ siècle contre les marchands de grains. Les intermédiaires sont pourtant indispensables, puisqu'ils peuvent seuls diriger les produits vers les débouchés nécessaires à leur écoulement. Ce préjugé tombera, comme tant d'autres, et l'expérience démontrera que les intermédiaires sont appelés à rendre au commerce du travail les mêmes services qu'à tout autre commerce. Déjà cette idée a pénétré en France au sein même de la classe ouvrière, car nous lisons dans les statuts de la chambre syndicale des boulangers : « La chambre établira et entretiendra régulièrement des rapports avec les travailleurs de la profession dans toutes les villes de France et de l'étranger, afin d'éviter les trop grandes agglomérations, causes générales de chômage et de misère. A cet effet elle procurera le moyen de faire le voyage à ceux de ses membres qui voudraient se transporter là où le travail manquerait de bras (1). »

Que cette idée, absolument vraie en économie politique, se répande, et, pour débattre le prix du travail, les chambres syndicales placeront les ouvriers sur un pied d'égalité parfaite avec les patrons ; elles éviteront ainsi toute difficulté d'homme à homme ; elles donneront aux patrons une sécurité entière ; elles assureront aux ouvriers la rémunération exacte qui leur sera due. Ceux-ci n'auront plus à se plaindre de personne, ils subiront, comme tous les autres vendeurs, non plus la loi des acheteurs, mais la loi économique de l'offre et de la demande ; ils reconnaîtront, après bien des épreuves et bien des erreurs, que la société moderne, avec ses deux grands principes de la liberté du travail et de l'égalité devant la loi, ne les traite pas plus mal qu'elle ne traite ses autres membres ; que, loin de les sacrifier, elle leur assure l'emploi de leurs facultés et le débouché de leurs produits.

§

Tout est en équilibre quand la liberté préside aux destinées d'une société. Il est impossible, dans le domaine de la production, que le prix d'une marchandise ne soit pas en rapport avec le prix de toutes les autres marchandises. Donc, si le prix de la laine, du blé, du fer, est suffisamment rémunérateur, le prix du travail le sera également et dans la même proportion, dès qu'il se trouvera librement débattu.

Si le prix du travail devient suffisamment rémunérateur, il pourra permettre à l'ouvrier non-seulement de suffire à ses besoins de chaque jour, mais encore de mettre en réserve ce qui constituera son épargne. Sans doute, pour y parvenir il ne lui

(1) Nous nous rappelons que déjà sous l'ancien régime on procédait ainsi dans les confréries de compagnonnage.

suffira pas de toucher un salaire élevé. A l'heure présente, hélas !
les ouvriers les mieux payés ne sont pas les plus heureux : le
chômage volontaire et la dissipation dévorent souvent le plus
clair de ce qu'ils gagnent. L'épargne n'est possible qu'avec la
bonne conduite.

Eh bien ! là encore nous retrouverons l'influence des chambres
syndicales.

N'est-il pas juste de répéter une dernière fois ce que disaient en
1814 les entrepreneurs de maçonnerie : « L'homme qui tient à un
corps craint beaucoup plus de se compromettre que l'homme isolé ?»

Les chambres n'ont-elles pas annoncé, dans tous leurs statuts,
la ferme volonté de donner aux ouvriers comme aux apprentis
tout ce qui pourra leur permettre de s'instruire, de s'améliorer,
de se défendre contre les funestes influences du club, de la bar-
rière et du cabaret ? Quelques-unes n'ont-elles pas déjà créé des
écoles, des cours professionnels, des sociétés paternelles, des
œuvres d'assistance et de prévoyance ? Qu'on les laisse se développer, elles deviendront bien vite les institutrices de la classe
ouvrière.

§

Voilà donc dans quelle mesure nous espérons que les chambres
syndicales travailleront à l'apaisement, au bien-être et à la
moralisation des ouvriers.

En faisant cesser la crise économique, elles feront cesser la crise
sociale. Grâce à elles, l'antagonisme qui sépare les divers agents
de la production nationale finira par disparaître avec les périls
dont il menace la société tout entière.

Le seul moyen de rendre les gens conservateurs, c'est de leur
donner quelque chose à conserver. C'est ainsi que nos paysans,
après avoir commencé la Révolution de 1789, sont devenus conservateurs le jour où ils ont pu devenir propriétaires.

Que l'ouvrier, par la juste rémunération de son travail, et par
l'épargne, qui ne lui est pas plus difficile qu'au paysan, arrive à
la propriété mobilière, comme celui-ci est arrivé à la propriété
foncière, le voilà de suite conservateur. Et que les entrepreneurs
d'émeutes, que les aspirants ministres cessent alors de le berner
avec leurs rêves humanitaires : il ne les écoutera plus, car il

voudra défendre sa *propriété* et le droit qu'il aura de la transmettre à sa *famille*. « Si je n'ai qu'une montre, disait M. Héligon à l'enquête du 18 mars, je veux pouvoir la laisser à mon fils. »

Ne craignons donc pas d'accorder aux ouvriers un droit dont usent les patrons; de faire cesser un contraste dont ils se plaignent à juste raison, et d'avoir confiance en leur sagesse, garantie par leur intérêt autant et plus que par les sévérités de la loi.

La compression ne vaut rien; en politique comme en mécanique, elle arrive à faire sauter les chaudières. La force n'est qu'un expédient. On ne gouverne pas les hommes par la crainte, mais par l'équité, c'est-à-dire en donnant à leurs besoins intellectuels et physiques toutes les satisfactions que permet l'imperfection humaine.

La vraie fin de la politique, a dit Bossuet dans son HISTOIRE UNIVERSELLE, *est de rendre la vie commode et les peuples heureux.*

§

Puisse l'enquête que nous allons ouvrir confirmer notre opinion et démontrer aux plus incrédules, à l'aide de faits certains et de déductions logiques, que les associations syndicales sont appelées à jouer dans l'industrie française le rôle que nous nous plaisons à leur assigner !

Que cette enquête soit complète et surtout impartiale. Interrogeons les hommes de toute opinion et de toute origine, les hommes de science et les hommes d'expérience, ceux qui ont étudié et ceux qui ont vécu. Nous rencontrerons bien des difficultés, nous aurons à vaincre bien des préjugés; les uns se défieront de l'intérêt qui nous porte à creuser cette grande question sociale ; les autres nous reprocheront de soulever indiscrètement le voile dont ils se plaisent à couvrir ce qui les effraye : *cléricaux*, diront les uns; *socialistes blancs*, diront les autres. Que nous importe ? Nous ne sommes que des hommes de bonne volonté, nous ne demandons que la paix, et, pour l'obtenir, nous ne cherchons que la vérité ; mais nous la cherchons avec passion, comme il convient de chercher ce qu'on veut trouver.

Pourquoi donc craindre la vérité ?

Quand une question est mûre, il ne dépend de personne de la supprimer. Elle s'impose à l'opinion publique, tous les efforts qui tendent à l'éloigner ne servent qu'à rendre sa solution plus difficile ou plus dangereuse. Les Anglais le savent bien. Aussi, quand un problème nouveau se pose devant eux, avec quel empressement et quelle ardeur ils se mettent à l'étudier ! Tout récemment encore, lorsque la grève des ouvriers de campagne a semblé menacer la base même de leur organisation sociale, ont-ils feint de ne pas voir et de ne pas entendre ? Ont-ils désespéré de trouver un élément de progrès, dans ce qui paraissait être d'abord un symptôme de dissolution ?

Imitons-les donc, et, dans ces mouvements de la classe ouvrière qui effrayent beaucoup trop les conservateurs, efforçons-nous de découvrir un principe d'apaisement et de progrès. Si nous nous trompons, s'il nous est prouvé que notre pauvre pays est incapable de supporter la plus humaine de toutes les libertés, la liberté d'association, nous reconnaîtrons sincèrement notre erreur, et, sans nous décourager, nous chercherons ailleurs les moyens que la Providence tient certainement en réserve pour sauver un peuple, duquel on a dit si longtemps que son histoire était celle de Dieu même, GESTA DEI PER FRANCOS.

PARIS. — IMPRIMERIE JULES LE CLERE ET CIE, RUE CASSETTE, 29.